Zhongguo Wenhua
Zhishi Duben

中国文化知识读本

碑

主编　金开诚

编著　金东瑞

吉林出版集团有限责任公司

吉林文史出版社

图书在版编目（CIP）数据

碑 / 金东瑞编著. —— 长春：

吉林出版集团有限责任公司：吉林文史出版社，2009.12 （2023.4重印）

（中国文化知识读本）

ISBN 978-7-5463-1945-2

Ⅰ. ①碑… Ⅱ. ①金… Ⅲ. ①石碑–简介–中国

Ⅳ. ①K877.42

中国版本图书馆CIP数据核字(2009)第236892号

碑

BEI

主编／金开诚　编著／金东瑞

项目负责／崔博华　责任编辑／曹　恒　崔博华

责任校对／刘姝君　装帧设计／曹　恒

出版发行／吉林出版集团有限责任公司　吉林文史出版社

地址／长春市福祉大路5788号　邮编／130000

印刷／天津市天玺印务有限公司

版次／2009年12月第1版　印次／2023年4月第3次印刷

开本／660mm×915mm　1/16

印张／8　字数／30千

书号／ISBN 978-7-5463-1945-2

定价／34.80元

目录

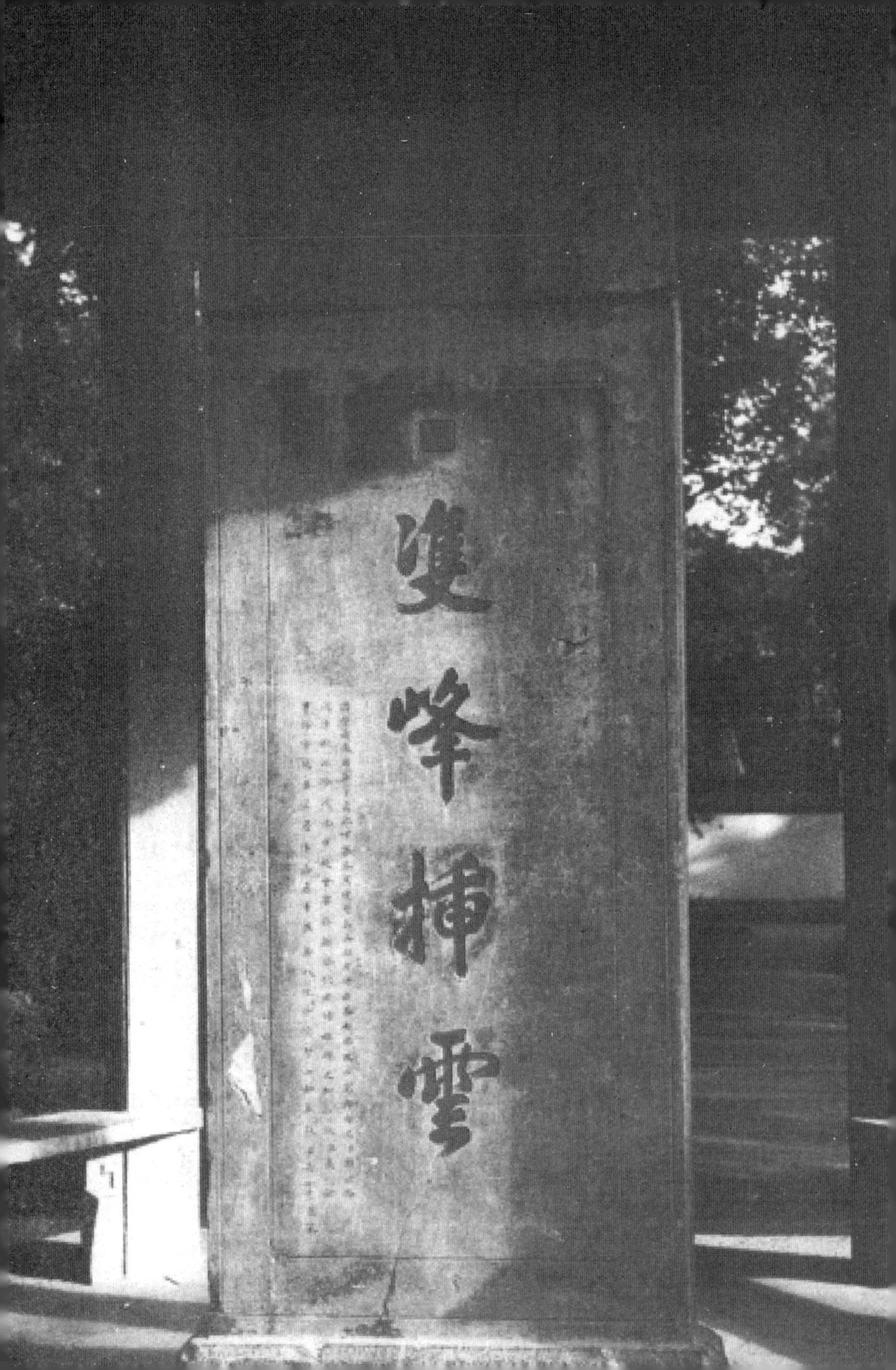
雙峰插雲

一、碑文化的起源及发展

河南巩义康店镇康百万庄园碑林

中国的墓碑可算是一座特殊的文化宝库，历史学、考古学要研究利用它，在文学艺术方面，墓碑同样具有不可估量的价值。历史上如韩愈的《柳子厚墓志铭》、张溥的《五人墓碑记》等，都是千古名文，传诵至今；又如洛阳北邙山出土的大批魏墓碑，为后世许多书家所珍视、研习，遂自成一派，称"魏碑"体。至于出自历代大书法家手笔的墓碑，更是价值连城。有些墓碑雕刻精细、装饰华美，又成为古代雕塑、绘画艺术的重要组成部分。然而墓碑在刚刚出现之时，却绝无"艺术性"，不过是古人下葬时维系棺绳的木桩。

"碑"最初称为刻石，春秋时期，它只

是宗庙里拴系供祭祀用的牲畜的石桩子，同时，人们也根据它在阳光下投出的影子的方位来推算时间。汉代经学大师郑玄说："宫必有碑，所以识日景，引阴阳也……"那时的石碑上没有文字，不具有纪念意义。到了战国时期，大贵族殡葬时，由于墓穴很深，棺木要用辘轳系绳缓缓放下，"碑"就是那时装辘轳的支架。殡仪结束，往往把这个支架留在墓地里。这时的碑也不带有纪念意义，只是行葬时使用的一种工具。据考古学家推测，由于下葬时用木桩不如用石桩结实，于是石桩就代替了圆木。

神功圣德碑

后来有人在石桩上刻上墓主人的姓名、籍贯，便于记忆，墓碑也就被赋予了新的功能，成为专门记载墓主人家族世系及功德行事的特殊装饰品。墓碑立在地表难免日晒雨淋风化颓圮，于是又有人想出新办法，把墓碑埋在地下，以保长久。于是就出现了富有纪念性含义的碑，一般为死者歌功颂德，起到了树碑立传的作用，这便是墓志的由来。从此，墓碑一分为二，碑表立在墓上，志铭埋在墓中。

我国现存最早的墓碑就是西汉河平三年（公元前 26 年）的"鹿孝禹碑"。到了东汉，树立墓碑之风盛行，碑的制作越来越精细。

西安碑林

墓碑的兴盛，诱发了王公贵族、达官显宦们"流芳千古"的欲念。于是，代写碑文的行当逐渐盛行起来。某些文人专靠为人写碑文而大赚其钱，墓碑上的阿谀溢美之辞便大获"丰收"了。汉代的大文豪蔡邕是文学史上有名的碑文大师，他曾说过这样几句真心话："吾为天下碑文多矣，皆有惭容，唯郭有道无愧于色矣！"写了一辈子碑文，末了，只有一个《郭泰碑》"无愧于色"，可见这位蔡先生的碑文，绝大多数是"马屁文章"。

唐代是我国碑刻最发达的时期，不仅内容丰富，书法上也有极高价值。唐以后，

《兰亭集序》碑刻

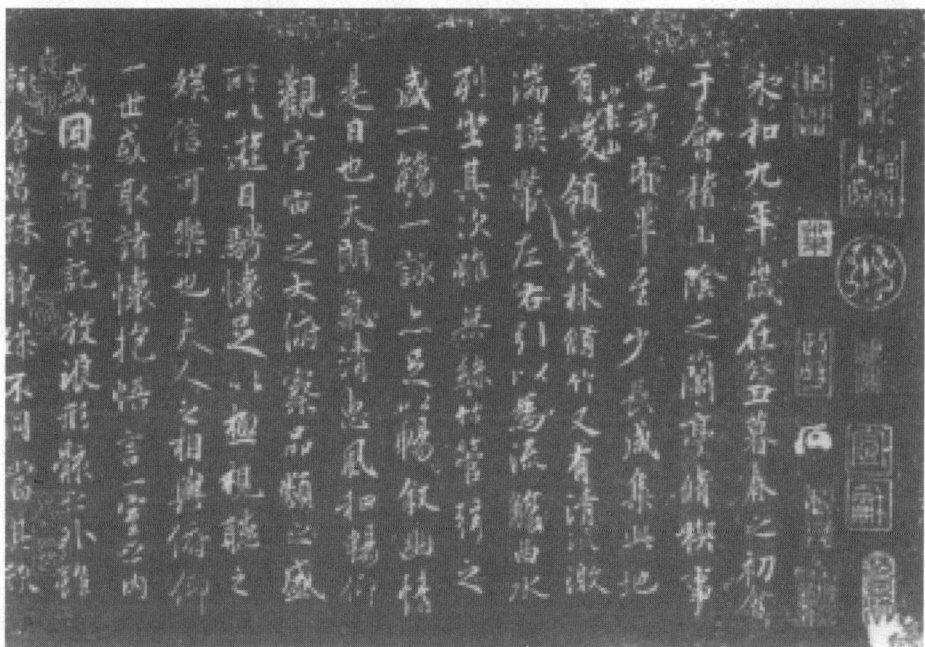

乾隆御碑

碑风大盛，文人士大夫的丹青遗墨或镌于碑石，或勒之摩崖，林林总总，遍及华夏，文化的涵盖面及渗透力已大大延伸。这时的碑完全可以作为历史或者是用以证实历史，因此，碑文化实际上就是历史的补充和见证。之后树立墓碑的习俗一直沿用至今，并且被广泛借用——纪念碑、墨迹碑、地界碑、里程碑等等，应有尽有，成为人类历史的重要标志之一。

学者们对中国碑文化的研究从来就没有停止过，江南大学金其桢先生所著《中国碑文化》一书对纵贯三千年、横融社会生活各方面的碑文化进行了全面的论述。上篇从《碑

西安碑林

的起源和繁衍》到《现代碑文化发展的新特点》，极力展现中国碑文化的历史轨迹，概述各个历史时期碑文化状况，列其存世碑铭，论其代表作品，介绍书碑刻碑名家；下篇分碑与文字语言、教育科举、古代经济的关系，碑的外域流传等二十一个专题，从多方面深入论述碑的内涵、功能、作用和影响。在历经数千年发展而形成的中国碑文化百花苑中，各类碑刻不仅数不胜数，浩瀚如海，苍茫如林，而且品种繁茂，琳琅满目，瑰奇多姿，异彩缤纷。金其桢先生所著《中国奇碑》收集的除大量常见的普通碑刻外，还有许多在文字、文体、书写、镌刻、碑材和形制等方

重庆梁平双桂堂碑林

面非同寻常、独具特色、怪异古奥、超凡脱俗的奇碑。如：标新立异、惊世骇俗的奇字怪书碑；多体交融、自成一格的字体嬗变碑；会隐会动、奥妙无穷的奇技巧制碑；稀世瑰宝、光华璀璨的异型奇材碑；大气磅礴、山岳增辉的巨型摩崖碑；别出心裁、匪夷所思的奇名怪称碑；超凡脱俗、别具神韵的奇镌妙刻碑；天地造化、水木奇缘的水下、木中奇碑等等。诸如此类的种种奇碑，犹如颗颗闪烁着奇光异彩的珍珠宝石，镶嵌在中华大地上，形成了一处处奇特而迷人的人文景观，引无数前去观瞻的人击节赞叹，流连忘返。

二、碑的分类

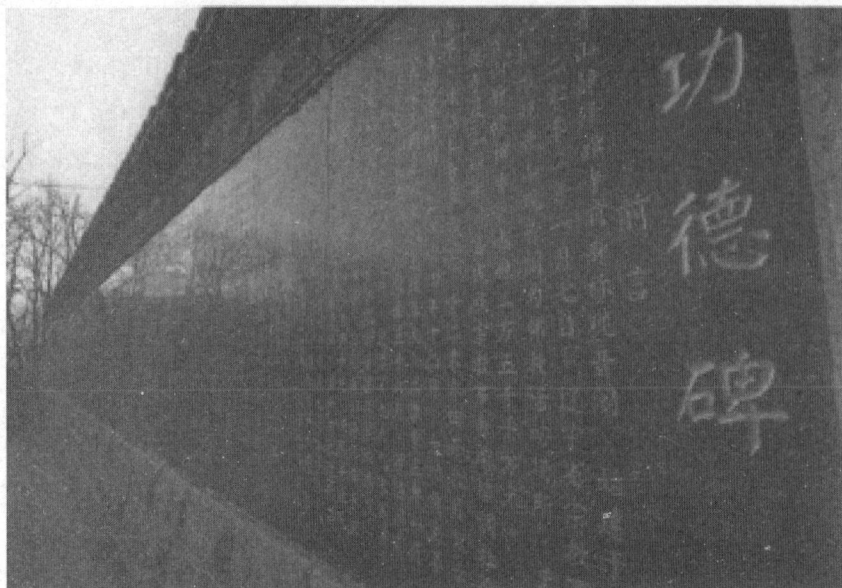

本溪观音山功德碑

我国从汉朝以后，刻碑的风气逐渐普及，几乎处处可碑，事事可碑。有山川之碑、城池之碑、宫室之碑、桥道之碑、坛井之碑、家庙之碑、风土之碑、灾祥之碑、功德之碑、墓道之碑、寺观之碑、托物之碑等。前人实行，后人效法，中国的名胜古迹，竟形成独特的"碑石林立"的民族特色。因此，碑文竟成了使用范围极广的实用文体。碑的种类繁多，碑文的体裁各具特色，归纳起来，可分六类：

（一）功德碑

"树碑立传"，这句成语已尽人皆知，家喻户晓。按《辞海》解释：古人把长方形的刻石称碑，作为纪念物或标记，用以纪事颂德，如纪念碑、墓碑。功德碑是为活人歌功颂德的。旧功德碑一般有三种形式：有的全用韵文写成，如公元前219年秦始皇登泰山顶，李斯刻石颂扬他的武功文治。自秦始皇刻石纪功始，方大开树立碑碣的风气。有的前序后颂，序为散体，颂为韵文，如李白写的《武昌宰韩君去思颂碑并序》。有的全是散文，没有颂之类的韵文，如《敦煌太守裴岭纪功碑》。这类碑文是为活人写的，解放后，我国已没有人立这种碑了。不过，在国外华侨聚居的地方，立功德碑的还是不少。

这就告诉我们，树碑的历史悠久，意在为死去的人或活着的人立传，借此让后人敬仰。后来，碑的功用不知什么时候被放大了，举凡地域风貌、历史沿革、人文景观，甚至文人游山玩水的即兴赋诗题字，都可以刻上碑碣。由此，树碑立传已成为我国一种独特的文化现象，成了我们几千年传统文化的组成部分。偌大中国，不论走到哪里，东西南北凡名胜古迹、旅游景点，名寺、名楼、名园，触目皆可见碑林或碑廊。

树碑的目的在于歌功颂德、传颂千古，

碑廊

故而也称功德碑。那么，有谁见过败德碑吗？

在广西桂林兴安灵渠的四贤祠内就立有这样一块罕见的败德碑。四贤祠位于灵渠北岸，因祠内供奉秦代以来对修凿灵渠有过重大贡献的四位官员——秦代史禄、汉代马援、唐代李渤和鱼孟威四公而得名。祠内保存着历代碑刻三十多块，树立在进门醒目处，可谓修灵渠的纪念碑。而有一块立在耳门之侧不被人注意的石碑，碑很小，保存完好，这就是那块非同一般的败德碑。碑系兴安全体乡民所立，碑文犀利尖锐，历数民国初年兴安知事吕德慎横征暴敛、贪赃枉法的罪状。1916年，当吕德慎调任他去时，乡民终于群情爆发，刻石立碑于这方土地，以碑警世，

湖北十堰武当山石碑

昭彰天下，让此公遗臭万年。是谓败德碑，实属世所罕见。这真是一种别出心裁惩治贪官污吏的形式，可以说是传统文化的创新。不是泄愤，而是控诉，似乎比法院的判决更有长远的影响力。给他们树这么一块败德碑，将他们永远钉在耻辱柱上，就像秦桧的石像永远跪在岳庙殿前一样。

当然，除了铭文刻在石上的石碑之外，还有一种刻在人心上的心碑，或曰口碑。"有名岂在镌顽石，路上行人口似碑"（《琵琶记》），这是比石碑更被人们看重的一种无形的碑。因为石碑可以被统治者用来贴金，

乾陵无字碑

历朝都是吾皇圣明功德盖世泽被天下，妄图借此高山仰止的伟大形象万岁传颂。然而，是德政是劣政，是爱民是累民，人民心中都清清楚楚、明明白白，人心自有一杆秤，英明伟大的颂词决难掩盖民不聊生的罪愆。武则天就通晓这个道理，她陵前的碑上不着一字，真可谓空前绝后，世人称之为"无字碑"。她毋须当代人恭维称颂，是非功过，自有后人去评说。

(二) 庙碑

我国的古代寺庙建筑颇多，都是难得的名胜古迹，需要修补或重建，修建时立碑纪事，以垂示后人。不过，现在作这类碑文应侧重叙述古迹的兴废历史、古迹确定的依据以及重建过程中的有关事项。

1. 曲阜孔庙的四大名碑

孔子被奉为"天下文官主，历代帝王师"。统治者对他的推崇见证于孔庙一次又一次地扩建重修。就连经由农民起义取得天下的明朝朱家王朝也不例外，明朝对孔庙重修建达 21 次之多，最大的一次是

曲阜孔庙

明孝宗弘治十二年（1499年）。当时，孔庙遭雷击，大成殿等主要建筑120余楹"化为灰烬"，明孝宗急忙下令重修，历时5年，耗银15.2万两。历经洪武、永乐、成化、弘治等扩修、扩建，基本形成现存孔庙的规模，并为后人留下了著名的洪武、永乐、成化、弘治四通御制巨碑。

（1）洪武碑

立于洪武四年（1371年），是朱元璋"为祀岳、镇、海、渎，免祀杂神，专崇孔子"之御碑。碑文道："朕奋起布衣，以安民为念，训将练兵，平定华夷，大统以正，永为治之道，必本于礼。"又说："孔子善明先王之要道，

孔庙里的碑

为天下师。"其政治用意，不言而喻。

(2) 永乐碑

为朱元璋第四子朱棣所立，永乐十五年（1417 年）重修曲阜孔庙，朱棣便亲自写下了这幢御制孔子庙碑文，赞扬孔子"参天地、赞化育、明王道、正彝伦，使君君、臣臣、父父、子子、夫夫、妇妇，各得以尽其份"。命有司维修孔庙，"撤其旧而新之"。以期"作我士类、世有才贤，佐我大明，於万斯年"。同时炫耀朱元璋尊孔之盛举。

(3) 成化碑

明宪宗御制重修孔子庙碑。成化四年

成化碑

（1468年）立，龟趺螭首，碑文说："天不生孔子……万古如长夜"，"天生孔子，实所以为天地立心，为生民立命，为往圣继绝学，为万世开太平者也"，"孔子之道在天下，如布制菽粟，民生日用不可暂缺"。

（4）弘治碑

立于弘治十七年（1504年），因碑文中有"金元入主中国，纲常扫地之时"一语，令清乾隆皇帝不悦，遂将碑亭拆掉，只剩龟趺孤碑了。

这四幢碑均用正楷书写，结体方整，书法

见劲，展现着汉字的独特魅力，因而它们也备受中外书法爱好者的青睐。这些石碑历经风雨沧桑，傲然挺立在孔庙院内。这些石碑不是在当地造的，而是从北京西山运来的。当时交通运输不发达，数九寒天，人们往地上泼水，使地面结冰，然后畜拉人推，滚滑而行，积几年之功才运到孔庙，所以这些石碑积聚了统治者的良苦用心和劳动者的勤劳智慧。

2. 西岳华山庙碑

全称《汉西岳华山庙碑》。东汉延熹八年（165年）立，隶书，郭香察书，22行，

汉西岳华山庙碑

锦绣中华

中国 深圳

SPLENDID CHINA
MINIATURE SCENIC SPOT
SHENZHEN CHINA

行 37 字，原碑在陕西华阴西岳庙中，明嘉靖三十四年（1555 年）毁于地震。或谓碑嘉靖时犹在，一县令修西岳庙石门，碎之为砌石。

礼器碑

此碑为著名汉碑之一。其结体方整匀称，气度典雅，点画俯仰有致，波磔分明多姿，是汉隶中方整平正一路书法的代表作品。明郭宗昌《金石史》称其"结体运意乃是汉隶之壮伟者"。清朱彝尊谓："汉隶凡三种：一种方整，一种流丽，一种奇古。唯延熹《华岳碑》正变乖合，靡所不有，兼三者之长，当为汉隶第一品。"翁方纲则说："朱竹垞于汉隶最推是碑。以余平心论之，则汉隶自以《礼器碑》为最。此碑上通篆，下亦通楷，借以观前后变割之所以然，则于书道源流是碑为易见也。使人易见者，非其至者也。"

汉碑极少有留书者姓名的。此碑之末，因有"遣书郎书佐新丰郭香察书"一句，历来就书者是谁颇存争议。唐徐浩《古迹记》主书者为蔡邕，"察书"（意即检查校对）者为郭香。但他并未提出充分的证据，说明何以是蔡邕所书。此说一出，影响甚大。如宋洪适《隶释》、清顾炎武《金石文字记》、顾南原《隶辨》以及翁方纲《两汉金石记》等，

华山碑

即均沿徐说。明郭宗昌《金石史》及赵崡《石墨镌华》开始对此说提出怀疑，而认为真正的书丹者当是郭香察。《石墨镌华》书前目录中《华山碑》下，题"郭香察书"，《金石史》则直称《华山碑》为《香察碑》。近世学者，基本上已确认郭、赵之说为是，而以启功先生的文章论辩最详。

3. 中岳嵩高灵庙碑

《中岳嵩高灵庙碑》为北魏著名碑刻之一。北魏太安二年（456年）立，一说太延年间（435—440年）立。楷书，23行，行50字。额篆书阳文四行共八字，侧刻唐大周天授三年马元贞投龙简记，七行字漫漶，存580余字。碑在河南登封县，是由隶书向楷书过渡的书体，传为寇谦之书。寇为昌平人，著名道学家，活动于嵩、华间。康有为评此碑书为"体兼隶楷，笔互方圆"。由于它脱胎于魏晋隶书，所以隶书森严；又因为是尚未成熟的楷书，故结体自由，用笔无拘无束。此碑以其独特的风格，为世人所重视。

（三）墓碑

古人的墓碑、墓志定制，碑多是长方形，螭首龟趺。碑头用篆体书写某朝某官某人墓碑，叫做"篆额"。墓志较小，多为方形，刻石加盖，上写某官某人墓志，叫做"书盖"。有了"篆额"和"书盖"，碑文、志文的前面就不必再刻题目了。

墓碑文的题目称墓碑铭并序的，是先序，次碑，后铭；称墓志铭并序的，先序，次志，后铭；称墓志或墓碑的，有志或有碑而无铭；称墓铭的，有铭而无志；也有虽只名志或碑，却各项都具备的。

志多用散文撰写，叙述死者的姓名、籍贯、生平事略；铭则用韵文概括全篇，赞扬死者的功业成就，表示悼念和安慰。但也有只有志或只有铭的。

墓碑文的体制，一般包括姓名、籍贯、家世、经历、文章著作、逝世时间，然后是

孔子墓

某年某月葬于某地，最后是铭文。墓志的内容也包括姓名世系、籍贯、行为事迹、年寿、逝世年月、子孙大略、葬时、葬地，最后是铭文。铭文是总括性的赞语，多为韵文，三言、四言、五言、七言或骚体都行。墓碑、墓志所包括内容大体相同，只是志求简明而碑尚丰丽。

墓志铭可以是自己生前写的，也可以是别人写的，主要是对一生的评价。墓志铭在写作上的要求是叙事概要、语言温和、文字简约。墓志铭一般是铭主死后由别人撰写，偶有铭主本人生前撰写的。

撰写墓志铭，有两大特点不可忽视，一是概括性，二是独创性。墓志铭因受墓碑空

唐代墓志铭

间的限制，篇幅不能冗长，而且简洁明了的文字，也便于读者阅读与记忆。因此，不论用什么文章样式来撰写墓志铭，均要求作者有很强的概括力。汉朝大将韩信的墓联为："生死一知己，存亡两妇人。"寥寥十个字，高度概括出韩信一生的重大经历。

墓志铭为在坟墓中或坟墓上，以死者生平事迹所写的一份简介，对于值得纪念的人其墓经常有墓志铭，但是近代中国已不流行写墓志铭。

旧式墓碑有两种：

1. 标名碑

墓碑的正面标名墓中人的姓名、立碑人及

立碑时间。这种碑多是死者子孙所立，也有学生给老师、女婿给岳父岳母、夫给妻、妻给夫、朋友之间立墓碑的。现将墓碑文中对亡灵的称谓简介如下：

显祖考某某太府君之灵（对祖父）

显祖妣某某太夫人之灵（对祖母）

显考某某府君之灵（对父亲）

显考讳某某大人之灵（对父亲）

显妣某氏老孺人之灵（对母亲）

显妣某某太夫人之灵（对母亲）

岳父大人之灵（对岳父）

故岳考某公讳某某老大人之灵（对岳父）

岳母某太夫人之灵（对岳母）

重庆张自忠将军墓

故岳妣某门某氏老孺人之灵（对岳母）

夫子某某大人之灵（对老师）

先夫某某君之灵（对丈夫）

先室某某夫人之灵（对妻子）

某君某某仁兄之灵（对朋友）

某君某某贤弟之灵（对朋友或弟子）

2. 简介死者生平的墓碑

这种碑文一般包括死者姓名、籍贯、家世、经历、著作、逝世年月、葬时葬地，最后是铭文，多为韵文，三言、四言、五言、七言或骚体都行。大多数是死者后代请托别人撰写的，如韩愈的《柳子厚墓志铭》，

李白墓

西安碑林

也有介绍简单的碑文和简短的墓志铭。

下面以山东省文化局王统照先生的墓志铭为例加以说明：

王统照先生，山东诸城人。生于一八九七年古历初八日，卒于一九五七年十一月廿九日，享年六十岁。先生生平酷爱文学。在文学创作上，获得很大成就。其代表作有《一叶》《黄昏》《山雨》，诗歌《童心》和散文《片雪集》等。先生是"五四"以来中国文坛上的著名人士之一。

先生毕生献身于文教事业，北京中国大学毕业后，曾任北京中国大学教授兼出版部主任，上海文学社《文学》主编，上海暨南大学教授，开明书店编辑和山东大学教授等职。

先生出身于封建地主家庭，但受到进步思想的影响，接受了资产阶级民主主义的革命思想。解放后，在中国共产党的帮助下，先生的革命思想更加提高，从而也更博得了广大人民的爱戴。先生曾任全国人民代表大会代表、山东省人民代表大会代表、中国文联委员、中国作家协会理事、民盟中央委员及济南市委会主任委员、山东省人民政府委员兼文教厅副厅长、山东省文化局长、山东省文联主席和山东省中苏友好协会副会长等职。

云南总统兵马大元帅府碑林

碑的分类

林则徐纪念碑表彰了林则徐虎门抵御外敌的爱国主义精神

先生不但对人民文学事业的发展有很大的贡献，对教育培养青年一代亦有很大功绩！先生的革命热情和事业的坚韧精神，均值得后代学习和颂扬。谨撰此文，以资纪念。

注：王统照先生埋葬于济南市金牛山公墓。公墓位于济南市北郊金牛公园内。此为山东省文化局在先生碑墓上写的碑文。

（四）纪念碑

这类碑文主要是为了纪念著名人物和重要历史事件。如明朝航海家郑和，人民为纪念他七下西洋的壮举，在他的家乡云南省晋宁县昆阳镇建亭立碑。清朝著名将领林则徐禁烟，表现了中国人民的凛然正气，人们在虎门炮台旁边修建了"林公则徐纪念碑"，表彰他反抗外国侵略者的爱国主义精神。我国的纪念碑多为碑刻，纪念人的详于写人，纪念事的详于写事。长汀罗汉岭瞿秋白就义处建有"瞿秋白烈士纪念碑"，较详细地记述了瞿秋白生平事迹和他就义时的悲壮情景。这类碑中最有名的是矗立在天安门广场的"人民英雄纪念碑"，由毛泽东同志起草，周恩来同志书写的碑文，文字简练，气势磅礴，碑座四周镶嵌十幅大型浮雕，图文并茂，

鸦片战争博物馆

极具感染力。

1. 林则徐纪念碑

新中国成立前，虎门要塞司令曾在当年销烟的地方立了一座高约一米的"林文忠公销烟处"的纪念碑，但无人管理，整个销烟池旧址杂草丛生，荒芜不堪。新中国成立后，为纪念虎门销烟这一大义凛然的壮举，纪念林则徐这一伟大的民族英雄，党和政府于1957年在销烟池旧址上建立了林则徐纪念馆，树起了"林则徐纪念碑"。

1972年，将"林则徐纪念馆"改名为"鸦片战争虎门人民抗英纪念馆"，把"林则

鸦片战争纪念馆一景

徐纪念碑"改成"鸦片战争虎门人民抗英纪念碑"。这无疑是不合建馆的原意。于是，在1985年，重新定名为"虎门林则徐纪念馆"，为了更好地收集、研究鸦片战争的历史文物资料，保护鸦片战争遗址，向人们进行爱国主义教育和民族优秀传统教育，再增加一个馆名"鸦片战争博物馆"（现在两个馆名，一套班子，一个馆址）。1987年，东莞市人民政府先后从海军部队接管了沙角炮台和威远炮台，并分别成立沙角炮台管理所和威远炮台管理所，交由该馆管理。随后，1989年把原有的纪念碑拆除，树起了由林则徐铜像与花岗石卧碑相结合的"虎门销化

林则徐领导的禁烟运动是中国人民反侵略斗争史上第一个伟大胜利

鸦片纪念碑"。

道光年间（1821—1850 年），清朝政府多次颁布制止鸦片流毒的谕旨，但是，贩入中国的鸦片数量仍在逐年上升。1838 年 6 月，清朝政府中以林则徐为代表的有识之士，纷纷上书请求禁烟。林则徐在给道光皇帝的奏折中指出：鸦片泛滥将使中原几乎无可以御敌之兵，且无可以充饷之银。道光皇帝意识到问题的严重性，就派林则徐到广东禁烟。

1838 年 12 月，道光皇帝任命林则徐为钦差大臣，前往广东查禁鸦片。林则徐会同两广总督邓廷桢、水师提督关天培等缉拿烟贩，整顿海防，命令外国商人交出鸦片，将

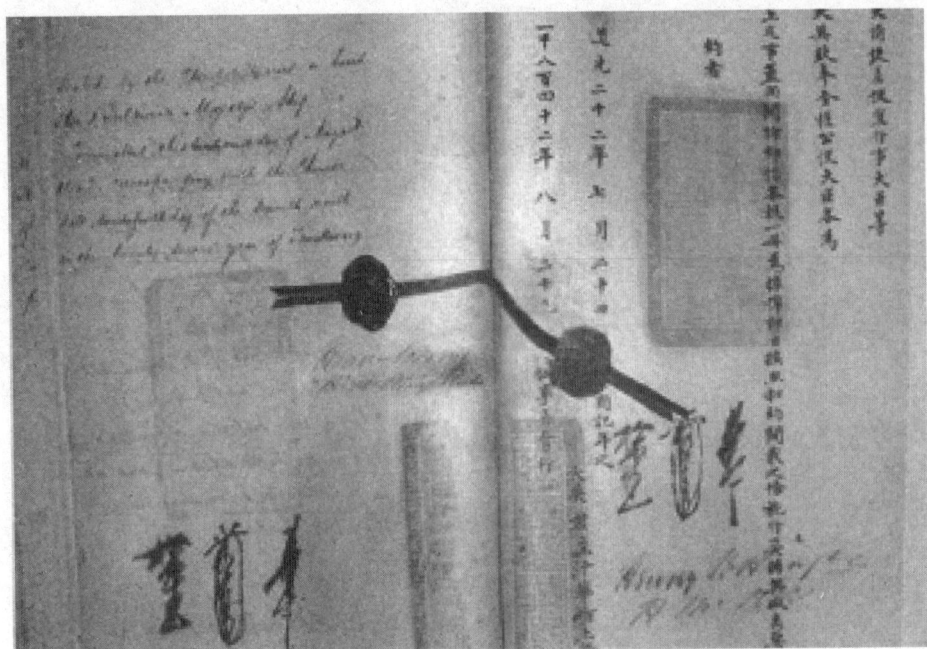

《南京条约》

英美商的两万多箱（约 120 万公斤）鸦片在虎门付之一炬。虎门销烟后，英国商务监督查理·义律为了维持对华的鸦片贸易，请求英国政府对中国采取军事行动。英国政府响应义律及英国鸦片贩子的无理要求，向中国发出了挑战书。在这篇挑战书中，英国政府歪曲事实，编造侵华理由。在鸦片战争后，由于清政府战败，签下了《南京条约》，答应把香港割让给英国，并且赔款 2100 万银元。直到 1997 年，香港终于回归祖国。

2. 北京人民英雄纪念碑

人民英雄纪念碑位于北京天安门广场的

璀璨的东方之珠香港历尽百年沧桑

雄伟的人民英雄纪念碑

夜色里的人民英雄纪念碑

中央，毛主席纪念堂以北，是中华人民共和国政府为纪念中国近现代史上的革命烈士而修建的。

1949年9月30日，中国人民政治协商会议第一届全体会议决定，为了纪念在人民解放战争和人民革命中牺牲的人民英雄，在首都北京建立人民英雄纪念碑。当天下午6时，出席中国人民政治协商会议的全体代表，在天安门前广场上举行了建立纪念碑的奠基典礼。以毛主席为首的政协各单位首席代表一一执锹挖土，奠下纪念碑的基石。后经全国广泛讨论，确定碑型。到1952年，全国优秀的建筑师和专家们共设计了一百多种图案，经有关方面通

人民英雄纪念碑坐落在天安门广场中央

过各种方式征求各界人民的意见，归纳、修正成最后的图样。1958 年 4 月 22 日，人民英雄纪念碑建成。1961 年，人民英雄纪念碑被中华人民共和国国务院公布为第一批全国重点文物保护单位之一。

人民英雄纪念碑位于北京天安门广场中心，在天安门南约 463 米，正阳门北约 440 米的南北中轴线上。它庄严宏伟的雄姿，具有我国独特的民族风格。在广场中与天安门、正阳门形成一个和谐的、一致的、完整的建筑群。人民英雄纪念碑呈方形，建筑面积为 3000 平方米。纪念碑分碑身、须弥座和台座三部分。纪念碑总高 37.94 米，碑座分两层，四周环绕汉白玉栏杆，四面均有台阶，下层座为海棠形，东西宽 50.44 米，南北长 61.54 米，上层座呈方形，台座上是大小两层须弥座。下层大须弥座束腰部四面镶嵌着八幅汉白玉大型浮雕，分别以虎门销烟、金田起义、武昌起义、五四运动、五卅运动、南昌起义、抗日战争游击战、渡江战役为主题。在渡江战役的浮雕两侧，另有两幅装饰性浮雕，主题分别为支援前线和欢迎人民解放军。浮雕高 2 米，总长 4.68 米，雕刻着 170 多个人物，生动而概括地表现出我国近百年来人民革命的伟大史实。

栩栩如生的人民英雄纪念碑浮雕
把人们带回到那段峥嵘岁月

人民英雄纪念碑碑文铭记了中华
儿女千百年来英勇奋斗的历程

　　碑身是一块长 14.7 米、宽 2.9 米、厚 1
米、重达 60 多吨的大石。碑身正面（北面）
镌刻毛泽东题词"人民英雄永垂不朽"八个
镏金大字，背面是毛泽东起草、周恩来题写
的碑文：

　　三年以来，在人民解放战争和人民革命
中牺牲的人民英雄们永垂不朽！

　　三十年以来，在人民解放战争和人民革
命中牺牲的人民英雄们永垂不朽！

　　由此上溯到一千八百四十年，从那时起，
为了反对内外敌人，争取民族独立和人民自
由幸福，在历次斗争中牺牲的人民英雄们永
垂不朽！

注：此碑文中的"三年以来"是指第二次国共战争；"三十年以来"是指自1919年五四运动起的新民主主义革命斗争到1949年新中国建国；而1840年则是中国受侵略的开始，1840年鸦片战争，中国从此弥漫着滚滚硝烟，成为了半殖民地半封建国家。

3. 唐山抗震纪念碑

唐山抗震纪念碑建在市中心新华道以南（建设路和文化路之间）纪念碑广场内。广场东西长320米，南北宽170米，占地5.44公顷。广场东部是抗震纪念碑，西部是抗震纪念馆。两个主要建筑坐落在东西向同一个轴线上，纪念碑和纪念馆之间设有一座大型水池，并通过红色地砖铺砌的地面使两座建筑相连。

纪念碑由主碑和副碑组成。主碑碑座高3米，碑身高30米，由4根相互独立的梯形变截面钢筋混凝土碑柱组成，主体上端造型有四个收缩口，犹如伸向天际的巨手，象征人定胜天。碑身四周高1.5米处，为8幅花岗岩浮雕，象征着全国四面八方的支援。浮雕记述了地震灾害和唐山人民在全国支援下抗震救灾、重建家园的英雄业绩。在碑身高

唐山抗震纪念碑

8.5 米处镶有一块长 3.86 米、宽 1.6 米的不锈钢匾额，上刻原中共中央总书记胡耀邦题写的"唐山抗震纪念碑"七个大字。

唐山抗震纪念碑不仅仅是个建筑符号，更是唐山人的精神象征

　　副碑位于主碑北侧 33.5 米处，碑宽 9.5 米，高 2.96 米，用花岗岩石块以废墟形式砌成，表现唐山地震的历史事件。碑身长 4.3 米，高 1.6 米，正面为磨光青花岗石镶嵌，上面镌刻碑文，记载地震时间、灾害以及抢险救灾、建设新唐山等内容，由中国书协常务理事夏湘平书写；背面为磨光青花岗岩镶嵌，上镌刻英文碑文。

　　主碑和副碑建在一个大型台基座上，台基四面有四组台阶，踏步均为 4 段，每段 7 步，共 28 步，象征"七·二八"这一难忘的时刻。

唐山抗震纪念碑碑文

碑文：

唐山乃冀东一工业重镇，不幸于一九七六年七月二十八日凌晨三时四十二分发生强烈地震。震中东经一百一十八度十一分，北纬三十九度三十八分，震级七点八级，震中烈度十一度，震源深度十一公里。是时，人正酣睡，万籁俱寂。突然，地光闪射，地声轰鸣，房倒屋塌，地裂山崩，数秒之内，百年城市建设夷为墟土，二十四万城乡居民殁于瓦砾，十六万多人顿成伤残，七千多家庭断门绝烟。此难使京津披创，全国震惊，盖有史以来为害最烈者。

然唐山不失为华夏之灵土，民众无愧于

幽燕之英杰，随遭此灭顶之灾，终未渝回天之志。主震方止，余震频仍，幸存者即奋挣扎之力，移伤残之躯，匍匐互救，以沫相濡，谱成一章风雨同舟、生死与共、先人后己、公而忘私之共产主义壮曲悲歌。

地震之后，党中央、国务院急电全国火速救援。十余万解放军星夜驰奔，首抵市区，舍死忘生，排险救人，清墟建房，功高盖世。五万名医护人员及干部民工运送物资，解民倒悬，救死扶伤，恩重如山。四面八方捐物赠款，数十万吨物资运达灾区，唐山人民安然度过缺粮断水之绝境。与此同时，中央慰问团亲临视察，省市党政领导现场指挥，诸如外转伤员、清尸防疫、通水供电、发放救济等迅即展开，步步奏捷。震后十天，铁路通车；未及一月，学校相继开学，工厂先后复产，商店次第开业；冬前，百余万间简易住房起于废墟，所有灾民无一冻馁；灾后，疾病减少，瘟疫未萌，堪称救灾史上之奇迹。

自一九七九年，唐山重建全面展开。国家拨款五十多亿元，集设计施工队伍达十余万人，中央领导也多次亲临指导。经七年奋战，市区建成一千二百万平方米居

夜幕下的唐山抗震纪念碑

废墟瓦砾上崛起的新唐山

民住宅，六百万平方米厂房及公用设施。震后新城，高楼林立，通衢如织，翠荫夹道，春光融融。广大农村也瓦舍清新，五谷丰登，山海辟利，百业俱兴。今日唐山，如劫后再生之凤凰，奋翅于冀东之沃野。

抚今追昔，倏忽十年。此间一砖一石一草一木都宣示着如斯真理：中国共产党英明伟大，社会主义制度无比优越，人民解放军忠贞可靠，自主命运之人民不可折服。爰立此碑，以告慰震亡亲人，旌表献身英烈，鼓舞当代人民，教育后世子孙。特制此文，镌以永志。

唐山市人民政府

一九八六年七月

（五）纪事碑

这种碑的种类很多，有建筑之碑、名胜古迹之碑、文人雅事之碑、天灾人祸之碑等。这类碑意在存真，碑文必须质朴真实，稍有夸饰，就不能取信于人。

关于《兰亭集序》的传说：

据历史记载，东晋永和九年（353 年）三月三日，王羲之与友人谢安、孙绰等名流及亲朋共 41 人聚会于兰亭，行修禊之礼、饮酒赋诗。后来王羲之汇集各人的诗文编成集子，并写了一篇序，这就是著名的《兰亭集序》。传说当时王羲之是乘着酒兴方酣之际，用蚕茧纸、鼠须笔疾书此序，通篇28行，324字，有复重者，皆变化不一，精美绝伦。只可惜这样一件书法珍品，到了唐太宗手里，他爱不忍释，临死时竟命人用它来殉葬。从此后人便看不到《兰亭集序》的真迹了。在兰亭里，有一座三角形的碑亭，亭内碑石上刻有"鹅池"两个草书大字。相传这两个字是王羲之手书，并传说王羲之很喜欢鹅，在家里养了一群

兰亭鹅池

兰亭一景

鹅。现在兰亭的鹅池里也养了几只白净的鹅。兰亭里还有曲水流觞亭、右军祠、墨池等建筑。流觞亭面阔三间，四面有围廊。亭前有一条弯弯曲曲的水沟，水在曲沟里缓缓地流过，这就是有名的曲水。当年王羲之等人就是列坐在曲水岸边，有人在曲水的上游，放上一只盛酒的杯子，酒杯由荷叶托着顺水流漂行，到谁处停下，谁就得赋诗一首，作不出者罚酒一杯。当今很多游人来到这里，兴致勃勃地用塑料杯子，盛上饮料，放在曲水里"流觞"，体味当年曲水邀欢的情趣。右军祠是纪念王羲之的祠堂。王羲之当时任右将军、会稽内史，因此人们常称他为王右军。祠内有许多碑刻，正中悬挂王羲之画像，两边的楹联是："毕生寄迹在山水，列坐放言无古今。"祠内有一水池，称为"墨池"，据说当年王羲之用这池子的水蘸笔习书，把整池水都染黑了。

王羲之《兰亭集序》原文：

永和九年，岁在癸丑，暮春之初，会于会稽山阴之兰亭，修禊事也。群贤毕至，少长咸集。此地有崇山峻岭，茂林修竹；又有清流激湍，映带左右。引以为流觞曲水，列坐其次。虽无丝竹管弦之盛，一觞一咏，亦足以畅叙幽情。是日也，天朗气清，惠风和畅。仰观宇宙之大，俯察品类之盛，所以游目骋怀，足以极视听之娱，信可乐

王羲之《兰亭集序》临摹帖

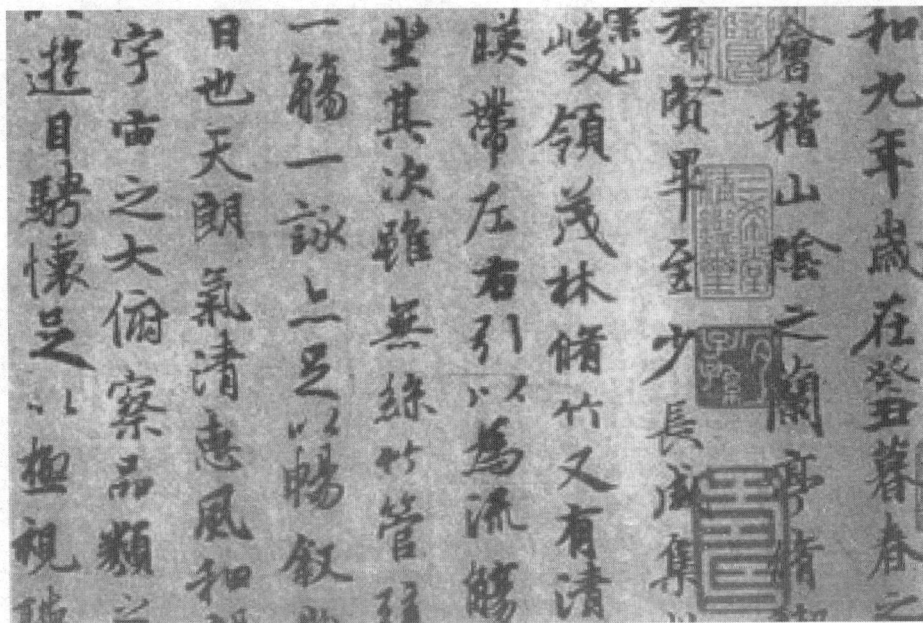

也。

夫人之相与，俯仰一世，或取诸怀抱，晤言一室之内；或因寄所托，放浪形骸之外。虽趣舍万殊，静躁不同，当其欣于所遇，暂得于己，快然自足，不知老之将至；及其所之既倦，情随事迁，感慨系之矣。向之所欣，俯仰之间，已为陈迹，犹不能不以之兴怀；况修短随化，终期于尽。古人云："死生亦大矣。"岂不痛哉！

每揽昔人兴感之由，若合一契，未尝不临文嗟悼，不能喻之于怀。固知一死生为虚诞，齐彭殇为妄作。后之视今，亦犹今之视昔，悲夫！故列叙时人，录其所述，虽世殊事异，

兰亭流觞亭

广岛和平纪念公园

所以兴怀，其致一也。后之览者，亦将有感于斯文。

来到兰亭门前，便看见"鹅池"二字，这两个字各成风格，"鹅"字看起来有着南方人的秀气，而"池"字则显得像北方汉子那样的粗犷，人称"父子碑"，据说是王羲之与其子王献之共同书写的。忽见鹅池中几只白鹅悠然嬉游，颇有生趣。而王羲之书法的"飘若浮云，矫若惊龙"的精髓就是从鹅的形体上，悟出书法的真谛。

顺着小径前行，迎面是一亭，显现出一痕痕沉沉的历史的斑迹。内一石碑上书"兰亭"二字，系清康熙手书。西侧是"乐池"，临池有"俯仰亭"。东侧为流觞亭,亭内有"曲水邀欢处"一匾, 正下悬唐名画家李公麟的《兰亭修禊图》。一条清澈的小溪, 水澄如镜, 在竹影树荫下缓缓地并带着轻快的节奏逶迤流过, 流得那样洒脱自在。几只时而盘旋、时而俯冲的蝴蝶, 几片沿溪而下的花瓣构成一幅美妙的图画。当年, 王羲之邀约 41 位文人雅士列坐曲水两旁, 并在水上漂流起装有酒的"觞"(酒杯), 水流时急时缓, 觞也就时飘时停。觞停在谁面前, 谁就得写一首诗。王羲之将所赋 37 首诗汇集成册并书写下了《兰亭集序》。

曲水流觞处

1. 大量地震碑

1967年山西地震调查组通过对临沂等14个县的调查，发现了记载有地震的碑刻47种，对1303年的赵城地震和1695年的临汾地震的有关情况，都提供了十分丰富可靠的资料。四川地震碑林建在西昌市郊东南泸山光福寺。现收碑一百余通，记有西昌、冕宁、甘洛、宁南等地历史上发生地震的资料。明嘉靖十五年(1536年)、清雍正十年(1732年)、道光三十年(1850年)，西昌地区发生过三次大地震。对其发生时间、前震、主震、余震范围及震后人畜伤亡、

重修的洛阳桥碑

赤道纪念碑

建筑物破坏等情况，均有详尽记载，是一批极为重要的历史资料。

2. 交通规则石碑

刻于南宋开禧元年 (1205 年)，一在福建闽北山区松溪县旧县村，一在松溪县竹贤村。20 世纪 80 年代发现。碑文记载唐宋时期"仪制令"，内容有"贱避贵，少避长，轻避重，去避来"等路规。经福建省交通部门鉴定，这是迄今发现的最早的记载我国古代交通规则的碑石。

3. 生态环境保护碑

江苏省无锡市八土镇斗山新近发现三块刻有保护生态环境的石碑。经鉴定其碑均为清代制，分别为康熙八年(1669年)、康熙十年(1671年)嘉庆十六年(1811年)所立。《禁约碑》《放生池碑》和《永禁碛碑》，距今已有三百年历史。那时候世界上还没有发达的工业，也不存在保护生态环境的问题。而斗山已建立生态保护区，并由官方树碑，运用法律手段保护生态环境实属可贵，这些石刻堪称"中华生态保护第一碑"。

（六）诗碑

这种碑不是指用诗词体裁写的碑文，而是指为诗而立的碑。这种碑古今中外都

王羲之趁着酒兴，挥毫泼墨，成就了千古名作《兰亭集序》

乾隆诗碑

有。如1458年在河南汤阴县岳庙有人为岳飞"满江红"词立了一通碑，叫《岳庙满江红词碑》，刻上岳飞"满江红"词。内蒙呼和浩特昭君墓前人们树立董必武咏昭君的诗碑。日本岚山立有周恩来总理"大江歌罢掉头东"的诗碑。现在修建的桂林"碑林"，其中亦有不少是为现代名人新立的诗碑。

1. 乾隆诗碑

北京大学著名景观，位于未名湖东畔。此诗作于乾隆五十二年，记乾隆十三、十四年之事。乾隆十三年九月，"诣畅春园恭皇太后圣安，即视事于观澜榭，引见于大西门""爱亲御弧矢""连发二十矢，中一十有九"，乾隆十四年，"陈马技以娱慈颜，亲发十矢，复中九，县破其的三焉"。此碑当畅春园之遗物。

2. 国泰立碑

被认定为世界上最大的诗碑，此碑总高为16.9米，重约400吨，碑体采用山东嘉祥青石制成，由碑帽、碑身和碑座组成，正面刻有清代俞樾所书的唐代张继诗《枫桥夜泊》，背面刻有乾隆御笔《般若波罗蜜多心经》，由苏州市戈氏艺术雕刻制作室承制。

怒髮衝冠憑闌處　雨歇抬望

瀟瀟三十功名塵與土　千里路

了少年頭空悲切　靖康恥

特飢餐長車踏破賀蘭山缺壯志

渴飲匈奴血待從頭收拾舊山河

石湘工紅訥乃

宋岳飛武穆王作

天順二年春二月吉日

岚山公园

盛世铸钟，国泰立碑。大钟大碑的建成，使得寒山寺"钟声诗韵"的文化品牌得以进一步彰显。

3. 周恩来总理诗碑

在日本关西地区，风景秀丽的岚山。岚山有个龟山公园，环境十分幽雅。大堰川绕岚山脚下潺潺流过，碧透的河水清澈见底。两岸满山青葱茂密的松林、杉林，中间夹着樱树和小叶枫。山下竹林片片，村舍幢幢。一阵细雨过后，轻纱般的薄雾缭绕在岚山之顶。这大概就是"岚山"这个美丽名字的来历吧！

龟山公园里挺拔的青松、樱树，环抱着周恩来总理诗碑。

诗碑是一块高 1.3 米、宽 2.2 米的马鞍石，上面镌刻着

龟山地区岚山公园

岚山景色

青年时代的周恩来1919年4月5日游岚山时写下的诗篇《雨中岚山——日本京都》。这种马鞍石，外表赤褐，内瓤青蓝，质地坚硬，千年不化，是碑石佳品。相传还是很久以前东渡日本的一位中国石匠发现的。诗文是廖承志于1978年11月用毛笔书写：

"雨中二次游岚山，两岸苍松，夹着几株樱。

到尽处突见一山高，

流出泉水绿如许，绕石照人。

潇潇雨，雾蒙浓；

一线阳光穿云出，愈见姣妍。

人间的万象真理，愈求愈模糊，

风景秀丽的岚山

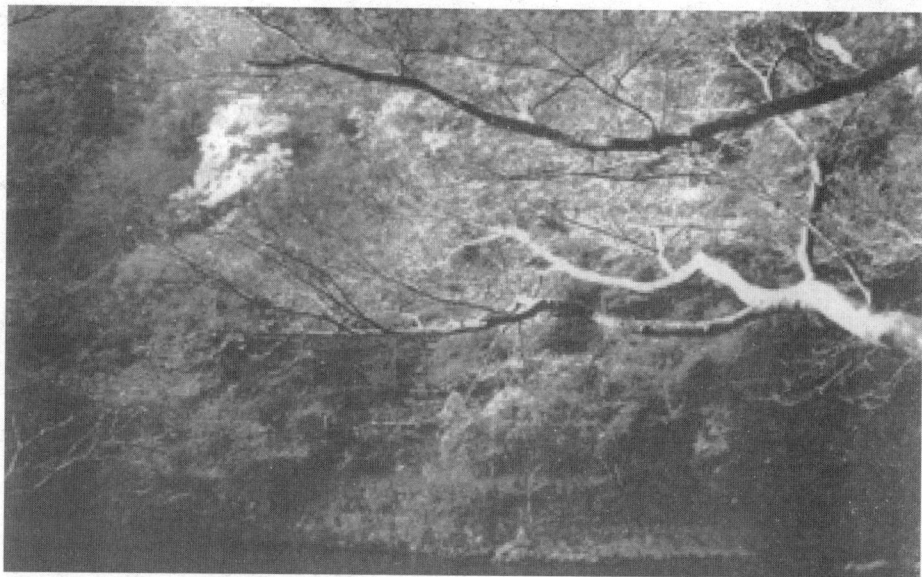

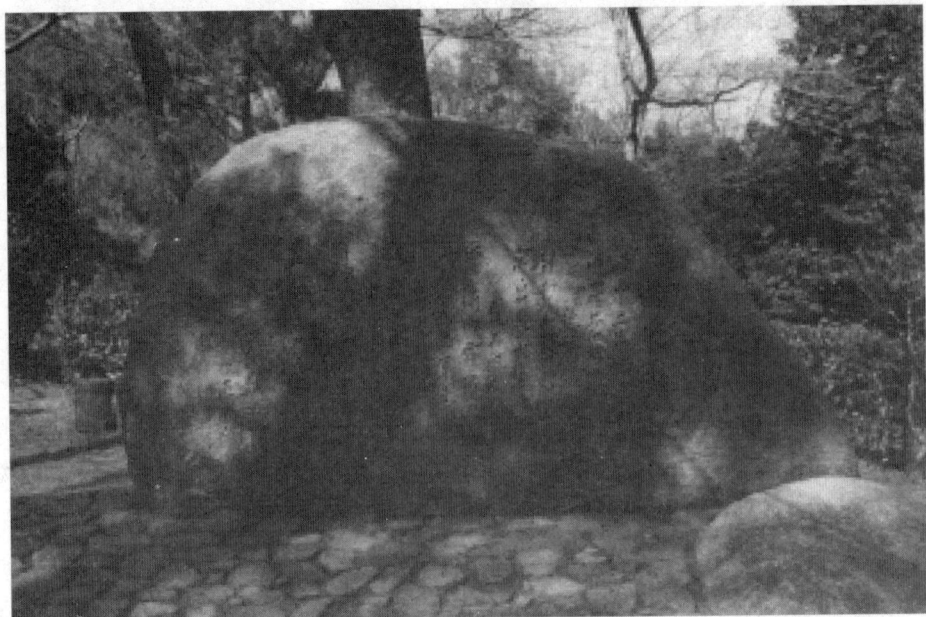

竖立于一片苍翠之中的周恩来总理
诗碑

——模糊中偶然见着一点光明：

真愈觉姣妍。"

那八十字的碑文精雕细刻，是 78 岁的
高城芳三郎和 62 岁的植村正二两位日本老
石匠的杰作。高城芳三郎干石刻这一行已逾
五十个寒暑，他和植村正二精益求精，一人
一天只刻两个字，可以说刀刀精雕都留下了
对周恩来总理的崇敬之情和日中人民的厚
谊。

在诗碑左侧，立着一座副碑，上面用日
文记载着建立这座诗碑的缘由：

"为了纪念一九七八年十月缔结日中和
平友好条约，并且为了表达京都人世世代代

友好的心愿，在这渊源深远之地，建立伟大的人物周恩来总理的诗碑。"

诗碑的底座由青色圆石浇灌混凝土筑成，从底到顶，碑高 2.4 米。

诗碑揭幕那天——1979 年 4 月 16 日，是周恩来《雨中岚山》抒怀整整六十年后，也正是樱花一年一度盛开如云的日子。日本各界人士不仅从京都，而且从北海道、东京、九州、神户、大阪、奈良、志贺等地，远道赶来参加，那是一个中日友好热情洋溢的时刻。"建立周总理诗碑委员会"委员长、当年 95 岁高龄、三次会见过周恩来总理的吉村

美丽的岚山

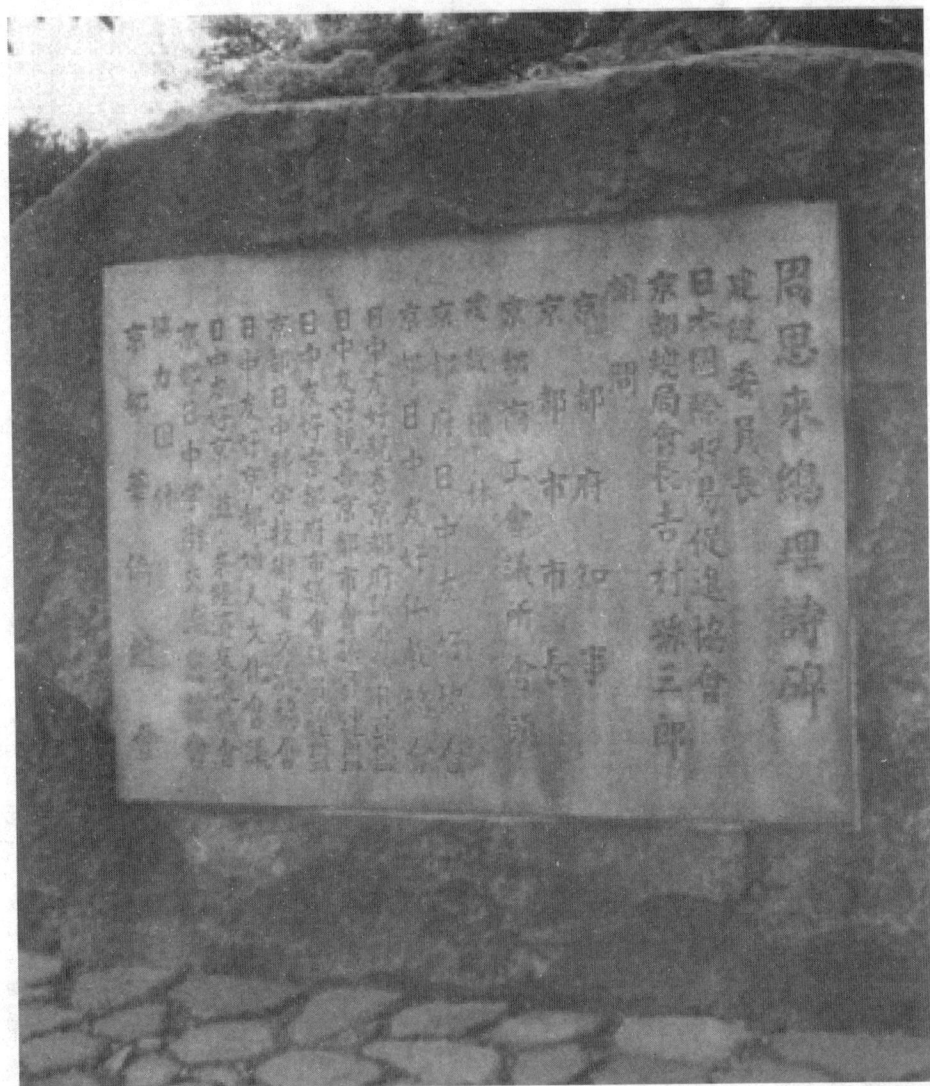

周恩来总理诗碑镌刻着中日两国人民的友好
情意

孙三郎满怀激情地说："周总理诗碑将作为
日中两国人民子孙万代友好的象征，永世长
存"，"建立在千年古都的岚山风景胜地，将
使人们回忆起日中间千年的友好往事"。

三、奇碑与奇说

（一）无字碑

无字碑，也称白碑或没字碑，指无字的石碑，为碑刻中的一种很独特的现象。无字碑的出现多由于一些主观和客观的历史原因，或因为墓主的好与不好无法言说，或最初带有预留性质而最终没有完成，也可能原先有字，因为一些自然和人为的原因变成无字等等。无字碑并非毫无价值，像乾陵的无字碑和有来历的碑刻，往往给人提供联想的空间和思考的平台。

1.泰山登封台无字碑

在玉皇顶的大门下，登封台的北边。碑高 5.2 米，碑身上段稍细，顶上有复盖，碑

重峦叠嶂的泰山

秦始皇在泰山立下无字碑的原因成了让后人猜测的千古之谜

色黄白，两面无字。有人说它是无字碑，但也有人说它是石表或石函。"秦始皇泰山立无字碑，解者纷纭不定。或以为碑函，或以为镇石，或以为欲刻而未成，或以为表望，皆臆说也。"对于此碑，古代人有两种说法：一说是秦始皇立的，具体又有两种说法，一是因秦始皇的功德之大，难以用文字形容，故无字；一是秦始皇"焚书坑儒"后无人会写字了，故无字。当然，这些均无据可考。第二种说法是汉武帝刘彻立的，一直没有定论。《岱览》的编者唐仲冕，引用了《考古录》中顾炎武的一段话。顾炎武在阅读了《史记·封禅书》和《后汉书》以后，说："岳顶无字碑, 世传为秦始皇立。按: 秦碑在玉女池上, 李斯篆书。高不过四五尺, 而铭文并二世诏书咸具, 不当又立此大碑也。考之宋以前, 亦无此说。因取《史记》反复读之, 知为汉武帝所立也。"郭沫若在1961年上旬登泰山时, 在他写的《观日出未遂》一诗中说"摩抚碑无字, 回思汉武年", 也肯定了是汉武帝所立。原诗已刻成碑, 立于无字碑的一侧, 与明代张铨的诗碑相对(张铨说:"袖携五色如椽笔, 来补秦王无字碑。"他认为是秦始皇所立)。

2. 谢安的无字碑

位于南京梅岗, 为东晋谢安(也称谢太傅)

谢安墓碑

的墓碑，"有石而无其辞，人呼为"无字碑"。原因是"以（谢）安之功德，难为称述，故立白碑"，所谓白碑即言碑上无字。在淝水之战中，谢安以八千之众胜前秦苻坚的百万大军，使东晋又偏安38年，也因此之故，为谢安之墓树一通无字碑，盖"伟绩丰功不胜记也"。另一说法为谢安临终之前，问他请谁撰写碑文，他不语，也有人提到陶潜和王献之，他摇头，直到死也未确定谁写碑文，只好立无字碑了。还有一说是谢安功高盖世，褒既难，贬又不该，只好空着了。

3. 乾陵武则天无字碑

无字碑位于陕西省咸阳市区向西北方五十公

乾陵无字碑

里处的乾陵。在乾陵司马道东侧，北靠土阙，南依翁仲，西与述圣碑相对，奇崛瑰丽，巍峨壮观。

乾陵是唐高宗李治和武则天的合葬陵，陵前并立着两块巨大的石碑，西侧的一块叫"述圣碑（或称述圣纪碑）"，"述圣碑"是武则天为高宗歌功颂德而立的碑，她还亲自撰写了五千余字的碑文，黑漆碑面，字填金粉，光彩照人。东侧就是武则天的无字碑。自秦汉以来，帝王将相无不希望死后能树碑立传，中国历史上唯一一个女皇帝的石碑却没有刻一个字。

无字碑是用一块完整的巨石雕凿而成的，是中国历代群碑中的巨制，高 7.53 米，宽 2.1 米，

生前显贵的武则天身后却留下了空白的石碑

武则天的无字碑闻名天下

厚 1.49 米, 重量达 98.9 吨, 给人以凝重厚实、浑然一体的美感。碑额未题碑名, 只有碑首雕刻了八条螭龙, 巧妙地缠绕在一起, 鳞甲分明, 筋骨裸露, 静中有动, 生气勃勃。碑的两侧有升龙图, 各有一条腾空飞舞的巨龙, 线刻而成, 龙腾若翔, 栩栩如生。碑座阳面还有线刻的狮马图 (或称狮马相斗图), 其马屈蹄俯首, 温顺可爱; 雄狮则昂首怒目, 十分威严。碑上还有许多花草纹饰, 线条精细流畅, 因而这座无字碑闻名遐迩。

据有关史书记载, 唐高宗死后, 乾陵的选址、设计以及营建, 都是在武则天直接指导下进行的。作为乾陵地面的主要大型石

无字碑给后人留下了无尽的遐想

雕——无字碑也很有可能是当时树立的。再从无字碑与述圣碑相互对应来看，很可能两碑是同时树起的。由此看来，无字碑无疑是武则天树立的。这块武则天精心设计并树立的无字碑在整个乾陵陵园的石雕中，不仅因处于显著位置而引人注目，而且以其精湛的雕刻艺术、独特的丰姿韵味，以及种种富于传奇色彩的传说故事而备受青睐，名播八方。游客们到乾陵来，几乎都要在无字碑前驻足，或凝眸注视，或摄影留念，或指点评说。无字碑在无数游人眼中不仅是乾陵的象征，更是女皇武则天的象征。

对于碑上无字的原因，民间出现了三种说法：

第一种说法认为，武则天立"无字碑"是用以夸耀自己，表示功高德大非文字所能表达。武则天从 655 年做皇后开始，到 705 年被迫退位，前后参与和掌握最高权力达五十年之久。如果从唐高宗死时算起，也有二十一年。她是中国历史上唯一的、杰出的女皇帝。她在政治上打击豪门世族，并通过发展科举制度，使得大量人才登上政治舞台，抑制了豪门垄断；她奖励农桑、兴修水利，减轻徭役并整顿均田制，使社会经济不断上升，民户数不断增

武则天重视农业生产，奖励农桑、兴修水利

长；她知人善任，破格用人，鼓励各级官吏举荐人才，并虚心纳谏，职是之故，"累朝得多士之用"；她加强封建国家的边防，改善与边境各族的关系。总之，武则天是一个富有政治才干和理想的人，在她统治期间做过许多符合民众利益的事，稳固和发展了"贞观之治"，把历史推进一大步，并对后来"开元之治"起到了承前启后的作用。

武则天在位期间政绩显著，国泰民安

第二种说法认为，武则天立"无字碑"是因为自知罪孽重大，感到还是不写碑文为好。第一，武则天以阿谀奉承的手段取得信任，从地位较低的"才人"，到掌握大权的皇后，最后窃居皇位。第二，培养党羽、建立宫廷奸党集团，并打着李唐"朝廷"的旗号，消灭异己。第三，任用酷吏，实行告密和滥刑的恐怖政策。第四，唐初社会经济发展呈马鞍形，而武则天当政时处于最低处。第五，在其当政期间，曾失掉了安西四镇，危害了国家的统一。职是之由，武则天无法为自己立传，而只能以"无字碑"来为后世定基调。

第三种说法认为，武则天是一个有自知之明的人，立"无字碑"是聪明之举，

武则天崇尚佛教

功过是非让后人去评论，这是最好的办法。因为武则天有可以肯定的地方，也有应该否定的地方。武则天当政期间，贞观以来经济发展的趋势，仍在继续；在处理唐高宗去世前后的复杂局面中，她表现了非凡的个人才干；就"纳谏"和"用人"这两点，连许多具有封建正统思想的人士，都为之赞叹不已。但是，武则天的消极面也十分突出。她为了巩固个人的地位，任用"酷吏"，也曾滥杀无辜，崇信佛教，奢侈浪费。特别是统治后期，朝廷政治日趋腐败，形成一批为武则天所纵容支持的新的特权贵族。武则天被迫交出权力，还政于唐中宗，她知道对自己的一

乾陵一景

生，人们会有各种各样的评价，碑文写好写坏都是难事，因此决定立"无字碑"，由后人去评价。

另外，还有几种说法认为：

一是，即位的唐中宗李显对武则天无法称谓，是称武则天为先帝呢，还是称其为太后？

二是，唐中宗虽然是武则天的儿子，却曾被废而复立，因而心怀嫉妒，在李唐王朝中插进一个二十一年的"武周"更是奇耻大辱，为了雪恨，故意立碑，让她难堪、出丑。

三是，如何撰写碑文评价武则天，人们一直争论不休，由于没完没了，那碑就始终

无字碑顶部雕有精美的纹饰

空着。这三种说法可信之处在于，帝王一般不会死前下诏对如何撰写碑文评论自己发表意见。

还有一说，武则天离世后，政局动荡，无人过多关注，待人们重新关注时，她的那段历史早已众说纷纭，真假难辨。

对此，后世又有一些新的发现和推断：

陕西文物研究所在一次考察时，无意间发现在无字碑的阳面，从上到下刻满了方格子，经考证，这些并不是后人刻上去的。这些方格子每个长4厘米，宽5厘米，排列整齐。只有一种可能，它们是当初准备在石碑上刻字用的，而且已经准备好了碑文。根据留在碑面上的格子来计算，碑文大约有3300多字。那么，为什么已经准备好的碑文没有刻在石碑上呢？

历史学家做出了这样的推测：武则天生前已经撰写好了碑文，并交给了李显，武则天叱咤风云几十年，但"玄武门政变"后，武则天被迫让位给李显，将国号"周"恢复为"唐"，李显虽是武则天的亲生儿子，却长期在惶恐中度日，重登皇位后虽然不能发泄憎恨，但也讲不出对母亲歌功颂德的好话，只好不说不刻，为武则天留下了一块无字碑。

无字碑简介

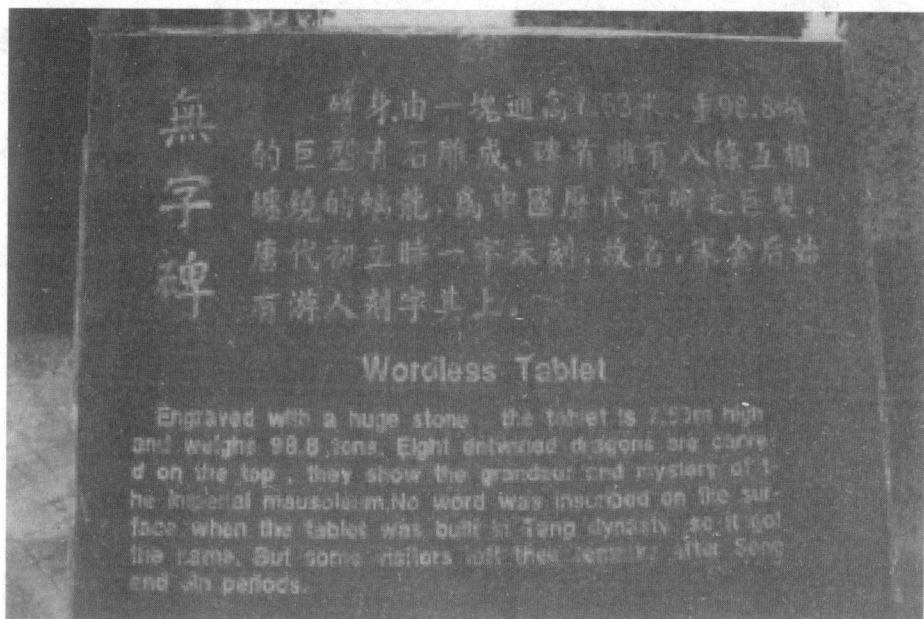

朱元璋的无字碑

4.秦桧的无字碑

位于南京牧牛亭，"有其额而无其辞，卧一石草间"。秦桧66岁病死后，其家人请了不少人为其撰写碑文，由于他"阴险如崖阱，深阻竟叵测""晚年残忍太甚，数兴大狱，而又喜谀佞，不避形迹""一时忠臣良将，诛锄略尽"，所以没有一个人为秦桧撰写碑文，只好立一块没有碑文的无字碑。

5. 朱元璋的无字碑

在北京昌平县北有座天寿山，那里山林幽美、绿水长流，地下躺着明朝的十三位皇帝，合称明十三陵。

天寿山原名黄土山，明成祖朱棣为了给自己选一块风水宝地当做长眠的寝宫，曾经不辞辛苦来到这里做了细致的实地考察，估计连一只苍蝇都没放过。经过一番严密的论证后，朱棣觉得自己万年之后躺在这里会比较舒服，所以改黄土山为天寿山，取"万年寿域"的意思，毕竟，皇帝的寝陵名字不能太"土"了。

作为怀古之地，十三陵的美景和遗迹自然很多，但让人称奇的却是除长陵外，所有陵门前的石碑上都空无一字。按照常理来讲，

肃穆静谧的明十三陵

历代皇帝归天之后，不管他生前的政绩是好是坏，负责撰写碑文的文官们都要昧着本心写出洋洋洒洒的溢美之词，不然，新皇帝会砍下文官们的脑袋做祭品。但是，事情总会有变化。明太祖朱元璋作为明朝的开国皇帝，战功显赫，政绩斐然，同时也是个嗜杀的皇帝，许多忠臣良将都死于他手。一天，他突然对自己的行为有所忏悔，希望给子孙们留一个经验教训，便对身边的大臣们说："皇陵碑记都是大臣们的粉饰之文，不能教育后代子孙。"言外之意，是希望自己在盖棺的时候，能有一个比较公正的说法。于是，翰林院的学士们就再不敢写皇帝的碑文了，皇家学者们个个心知肚明，这是个两头不讨好的差事，无论往不往先帝的脸上贴金，项上的人头都有搬家的危险。所以，学者们以太祖的"名训"作挡箭牌，将写碑文的任务，推给了嗣皇帝。所以，孝陵（太祖）碑文是明成祖朱棣撰写的，而长陵（成祖）的碑文则是明仁宗朱高炽写的。太祖的陵墓远在南京紫金山，所以，十三陵里只有长陵有碑文。

自明仁宗以后，为何嗣皇帝不写碑文了呢？原来从仁宗以后的皇帝，在陵门前都没有碑亭和碑，到了世宗（嘉靖）时才着手建造碑亭。碑亭落成之后，曾有大臣上书世宗

明十三陵一景

碑

明十三陵城楼

皇帝，请他为安眠在天寿山的七位皇帝撰写
碑文。可惜这位嘉靖皇帝一心迷恋仙术，整
天想着如何升仙得道，个人生活也不检点，
迷恋酒色不说，性情也喜怒无常，光是正宫
皇后就册立过三位，整天忙着这些事情，哪
里还有心思写那么多的碑文？

　　嘉靖的德行不光大臣们有意见，就连宫
婢们都要谋杀他，这就是历史上有名的"宫
女案"。嘉靖帝有个叫曹氏的妃子，比较受
宠，嘉靖常常跑到她那里去享受，曹氏自然
是感激不尽，可她身边的宫婢们就倒了霉了。
嘉靖生性暴虐，常常因些小失误，便对下人

嘉靖帝暴虐的性情差点招来杀身之祸

们鞭打虐待，很没有君王的风度。时间长了，宫女们个个怀恨在心。有一天，嘉靖熟睡在曹氏宫中，恰巧曹氏又到偏殿去了。几个宫女在一旁战战兢兢地伺候着，想着平日里这位君王的种种虐待和自己虎口求生的命运，不禁恶由心生，悄悄地拿了一根绳套住嘉靖的脖子，想把他勒死。由于慌乱，几个人七手八脚弄了半天也没送了嘉靖的命。其中一个宫女见事情不成，就想将功折罪，匆匆去报知皇后。等皇后慌忙带着一批太监宫女赶来，这场惊心动魄的谋杀案才算告终。

做皇帝做成这样，嘉靖也真够失败的了，就算他有孝心为列祖列宗撰写碑文，地下的

七个皇帝也会觉得丢脸，索性还是什么都没有的好。嘉靖以后的各陵，又因祖宗开了无字的先例，嗣皇帝们就更有理由让它们空着了。而最主要的原因在于，明朝中后期的皇帝们多数没什么出息，他们笃信方术，重用宦官，搞得京城上下乌烟瘴气。立一块无字碑，也许更能掩饰一位位帝王的腐败和无能，因而干脆不写了。十三陵各陵碑上虽然无字，却反映出明朝中期以后政治上的腐败。

6. 孙中山的无字碑

孙中山先生一生为革命奋斗不息，为推翻封建帝制功不可没，建立中华民国，赢得了世人的广泛拥戴和赞扬。孙中山先生逝世后，为

南京中山陵依山而筑，气势磅礴

先生撰写墓志铭，本来是顺理成章、理所应当的事情。不料却一波三折，终归遗憾。

起初，讨论立碑撰文时，原计划由汪精卫、胡汉民等人分别撰写铭文和墓志铭，后来遭到不少人的反对。大家考虑再三，认为唯有与孙中山先生友谊密切，且国学功底极深的章太炎先生能胜此大任。章太炎先生也说："论与中山先生友谊之深、互知之深，其墓志铭唯我能胜，也只有我有资格写，我欲为中山先生做墓志铭。"就这样，章太炎写下了古朴典雅、凝练审慎的《祭孙公文》。

谁知，章太炎当仁不让地拟写墓志铭，也使得蒋介石丧失了一次捞取政治资本的机

会。为此，蒋介石记恨在心，他以中山陵建筑总监的身份拒绝使用章太炎拟写的墓志铭。因此，中山陵建成之后，碑亭虽在，却没有墓志铭。后来，不得已而将"天下为公"四字刻于亭中以代之。

后来，人们又觉得，没有墓志铭的中山陵，也许是天意。先生的一生丰功伟绩，岂是寥寥文字所能表达详尽的。此陵无字胜有字，先生的功绩、恩泽，雕刻在亿万人民心中，珍藏到永远。

除了以上这些因为功业隆重或德行秽败而难以文字状述者所立的没有文字的碑之外，还有一些其他原因形成的无字

堕泪碑

碑。如带有预留性质的无字碑：曹魏黄初元年（220年），魏文帝曹丕下令重修孔子旧庙，庙中立有孔子像，以及两侧的弟子像，又"庙立七碑，二碑无字"。自古道："人过留名，雁过留声。"多少人为了留名，费尽心机自己树碑立传。那无处不见的墓志铭，可谓应有尽有。然而历史上这几块无字碑，却正因其无字，而倍加引人注目。

（二）堕泪碑

在湖北省襄阳县南9里的地方，有一座山，叫岘山。这座山不高，山上苍松翠柏，泉水淙淙，非常秀雅。在山脚下，绿树掩映之中，耸立着一座大理石石碑，碑亭的顶端直指云天。这座碑的主人是西晋名臣、征南大将军羊祜。原来羊祜当年镇守襄阳之际，关心民瘼，颇有政绩，百姓感戴。在羊祜死后，襄阳地区的百姓为了纪念他，募资建起了这座碑。这座碑原来叫做晋征南大将军羊公祜之碑，简称羊公碑。碑的正面用工整的楷书镌刻着羊祜镇襄的事迹。每当岁时腊月或者清明时节，周围群众都要到碑前祭飨一番，以致望碑涕下，因此羊祜的继任者，另一位西晋名臣杜预把它称作堕泪碑。从此，堕泪碑名闻天下，骚人迁客，每经此地，都要到碑前凭吊一番。

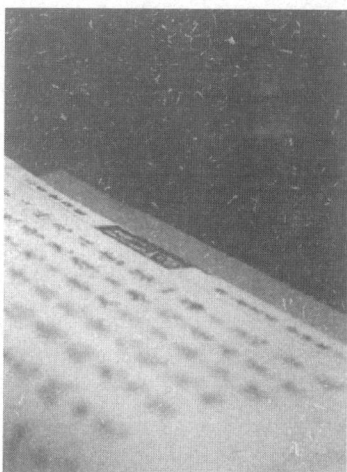

羊祜从小好学，博览群书

羊祜到底是个什么样的人呢？

羊祜，字叔子，泰山南城（今山东省费县西南）人。他是东汉末年名臣蔡邕的外孙，姐姐是司马师的妻子，后来追封为景献皇后。因此，他与司马氏王朝有亲戚关系。他的祖父、父亲都担任过太守，而且都以清廉自守。羊祜从小好学，长大成人后，学问渊博，会写文章，言谈爽利，待人彬彬有礼。在曹魏时代，州官多次推举他出来做官，他都拒绝了。司马昭当权，用公车征拜，羊祜只好出山，担任了中书侍郎。晋武帝即位，授予他中军将军，加散骑常侍。晋武帝打算灭掉吴国，拜羊祜为征南大将军，命他担任荆州都督，驻守襄阳。羊祜的才能和政绩在荆州任上才真正显露出来。

襄阳是军事要地，是当年魏、蜀、吴争夺的焦点。关羽曾在这里斩庞德，擒于禁，威镇华夏。现在又是与吴国毗连，是攻吴的前哨阵地。羊祜到襄阳后，首先做的工作是巩固自己的基地。当时吴石城（今湖北钟祥）的守将经常侵犯，边界不得安宁。羊祜用反间计，硬是让吴国把这位守将调走了，边境于是安定下来。羊祜用一半兵士巡逻戍守，一半兵士垦田。当年开垦 800 顷，种上粮食，获得丰收。羊祜刚来的时候，军队的储粮只

襄阳古城墙

羊祜带领兵士开垦荒地 800 顷，收获颇丰

够百日，一年之后，军中储粮足够用十年。接着，羊祜开办多所学校，农民的孩子也能上学读书了。与此同时，羊祜不动声色地派兵进驻了所有险要地方，建筑城堡，把原来为吴人所有的肥沃土地、山林物产都夺了过来。石城以西，都归晋国所有了。羊祜对吴军官兵则采用了一种怀柔政策，大讲其和睦、友好、亲善。羊祜与吴军作战，总是严格按照约定的日期，从不搞什么偷袭。俘获的士兵，当即遣还。吴军将领陈尚、潘景带兵进犯，羊祜迎战，陈尚、潘景不敌逃跑。羊祜追上去把他们都杀了，回来却对陈、潘的节操大加称赞，并且为他们举行了隆重的殡葬仪式，

羊祜治军纪律严明，战士割稻谷充军粮，一定如数付给百姓钱币

等陈尚、潘景亲属来迎丧的时候，待以上宾的礼节，不禁使两家亲属感激涕零。吴国将军邓香掳掠了夏口（今汉口），羊祜悬赏捉拿他。等邓香被抓来后，羊祜却亲释其缚，将他放了。邓香因此对羊祜感恩戴德，竟然率领部下投降了羊祜。

羊祜率军经过吴国的边境，战士割稻谷充军粮，一定如数付给钱币。他带人游猎，每次都在吴国边界上停下来，从不越界。凡是吴国士兵射伤的鸟兽，被晋国士兵捕捉到了，一定送还吴国。羊祜的所作所为，使吴国人深受感动。吴国人提到羊祜，都不呼名，而是称作"羊公"。当时吴军西部的都督是镇军大将军陆抗，他驻在乐乡（今湖北松滋县东）。陆抗是陆逊的儿子，同样是一位满腹韬略的杰出将领。陆抗早就看出了羊祜的计谋，常对部下说："晋军一味地讲仁德，可是我军一味地对百姓粗暴。如此下去，晋军不战就能打败我军。眼下之计，只有守护好边界，不要去贪图小利。"

羊祜深深了解陆抗的才能。一次，部将向羊祜禀报说："哨马来报：吴兵非常懈怠，可乘其无备，突然袭击，一定获大胜。"羊祜却笑着说："你们太小看陆抗了！此人足智多谋。吴国有他为将，我军只可自守疆界。要等吴国内部有变，我们才可图取。"

为此，羊祜主动与吴国表示友好，经常派人到陆抗督府去问候。陆抗也认为"来而不往，非礼也"，于是也派人回报。这样一来，两方信使来往不绝。一天，羊祜问陆抗派来的使者："陆将军身体还安康吧？"使者回答说："陆将军病了，好几天没起床了。"羊祜连忙关切地问："是什么病？"使者说："大夫说是时感吧！"羊祜说："前些天我也是时感，大夫合了几服药，我吃了一服就好了。你把我合的药带两服回去给将军吃，包好，包好。"

襄阳古城

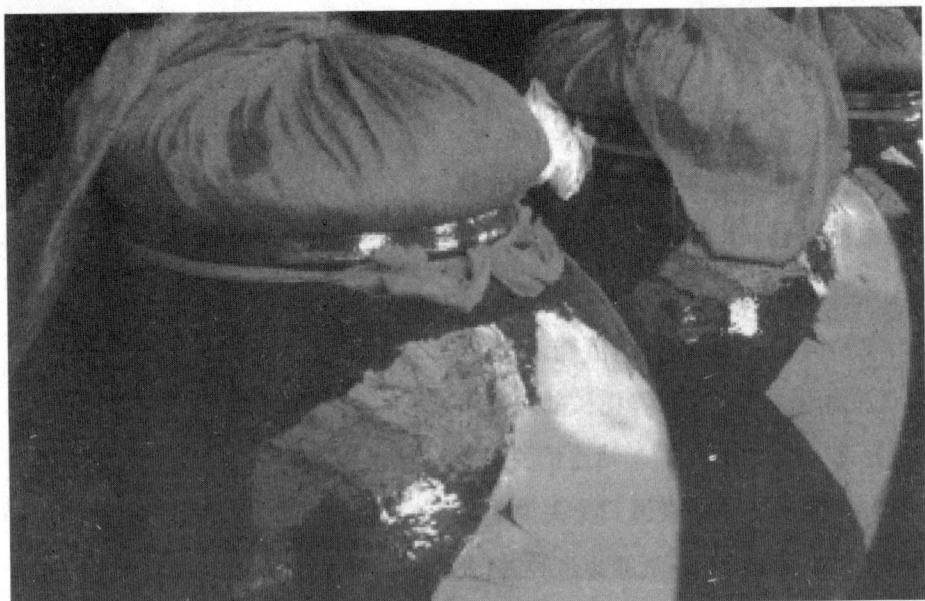

陆抗派人挑了两瓮酒送给羊祜，感谢他的良药

使者把药带回，交给了陆抗。陆抗的部将都说：“羊祜是我们的敌人，这药决不会是良药。”陆抗却笑着说：“羊叔子难道是下毒药的人吗？你们不用多疑。”说完，把羊祜送的药煎服了。第二天，果然病痊愈了。

陆抗派人挑了两瓮酒给羊祜，表示感谢。羊祜摸着美髯，欣慰地说：“陆将军也知道我爱喝酒啊！”立刻开坛畅饮一番。边界情况传到吴主孙皓耳里。昏庸的孙皓竟不知陆抗“虚与委蛇”之计，罢去了陆抗的兵权，另派孙翼顶替。羊祜听到陆抗被撤的消息，知道灭吴的战机已经成熟，立即上表给晋武帝，请求伐吴。表上说：“夫机运虽天所授，而功业必由人而成。今江淮之险，不如剑阁；孙皓之暴，过于刘禅；吴人之困，甚于巴蜀；而大晋兵力，盛于往时：不于此时平定四海，将永失此良机，虽子牙、韩信再生，亦无能为也矣。"晋武帝看表，非常高兴，本想兴师，但当时以贾充为首的朝臣贪图安逸，极力反对，事情便搁置下来。羊祜不禁感叹说："天下不如意事，十常八九。现在天赐良机错过，也太可惜了！"咸宁四年（278年）羊祜回到朝廷，这时已是疾病缠身。晋武帝特准他乘辇上朝。一上朝，还是陈述他伐吴的方案和谋略。羊祜对晋武帝说："陛下禅位

以贾充为首的朝臣贪图安逸，极力反对伐吴

传说古代东门外一片汪洋大水连着东海

以来，还没有更伟大的建树。现在吴国暴政虐民，已到了不战而克的大好时机。统一天下，大兴文教，这是可以与尧舜媲美的光辉事业。如果错过这次机会，孙皓要是死去，吴国另立一个雄强的君主，那么即使有百万精兵，也越不过长江天堑了！"晋武帝动了心，问羊祜："那么你可以躺着去指挥各路兵将吗？"羊祜回答说："征吴的事，我不可能参加了，我向陛下推荐杜预来顶替我的职务吧！"不久，羊祜就因病去世了，享年58岁。

两年之后，晋出兵平定了吴国。庆功之日，晋武帝司马炎举着酒杯，流着眼泪说："这都是羊太傅的功劳啊！"

（三）古唐侯国碑传说

河北省唐县有一座"古唐侯国碑"，记载了四千多年前挚为帝时封其弟放勋（尧）于唐地（古地名，即今唐县及周边地区），放勋被封唐侯后管理唐地、兴修水利、开发农业、造福百姓的不朽功德。

唐县城的东门原来是向东开的，东门外有个大教场，是古时练兵和检阅军队及迎接上级官员的场所。广场北边有座海神庙，传说古代东门外一片汪洋大水连着东海，故建庙以避洪。东门外偏南有一座焕文书院，是唐县最高学府。东门内靠南有一个水池，俗称"骚子坑"，是书院的文人墨客读书诵诗作画的地方。池水边有亭子和小庙，水清如镜，岸边垂柳依依、水中荷花飘香。为什么叫"骚子坑"呢？古时对文人的尊称是"骚客""学子"，他们常来池边，故有此雅称。东门南有佛教圣地什方院，院中有五层高的藏经楼，还有合抱粗的桧柏，僧人拥有镇寺之宝，俗称"透龙钵"，实际是一块水胆玛瑙石，上边刻着字。

后来唐县城东门口朝南开了。有一首民谣，其中有一句"东门冲孤山（庆都山），辈辈出高官"，形容唐县辈辈出优秀人才。按封建迷信的说法是，唐县借了尧母庆都的风水而人才辈出。当时，有一个阴险的县官忌妒唐县在外做官的人多，不利他贪赃枉法刮地皮，便将东门堵死，在瓮城南

河南碑刻

北京国子监碑林

面开了一个门。城里人要想出城，必须在瓮城内拐一个弯，向南走才能出去。过了若干年，又换了一个县官，他不认同前任忌贤妒能的行为。他认为唐县有中华古风，多出人才有什么不好？为官何必怕人才？他兴办私塾，建立书院，大力发展文化教育，继承发扬尧文化，修建孔庙。他亲笔题字刻石在东门拐弯处立了一座"古唐侯国碑"。这座碑坐东面西，你要从东门出城便首先看到这座弘扬尧风的石碑，以使尧的后代唐县人从这里知道本县乃古代文明发祥之地，自觉继承唐尧的优良传统。

日寇侵华又造成这座碑的悲惨命运。七七事变后，1938 年日军侵占唐县城，作为炎黄子孙尧的后人与敌浴血奋战八年。1945 年日寇投降，这座紧连着唐县人民心弦的古碑失踪了，大家到处寻找多年无结果。

四城涧村的王统同志从中国人民解放军 64 军副军级职务离休来到保定 64 军军干休所居住，他还惦念着古唐侯国碑。1985 年，他约唐县籍在外地离休的老干部王舒冰、唐振华、贾泉河等专程回乡寻宝，并得到唐县县委常委宣传部长韩海山同志

济南灵岩寺石碑

的密切配合，一起发动群众寻找，但没有结果。王统同志已 70 岁高龄，决定自己出钱重立古唐侯国碑。

王统对古唐侯国碑的感情如此之深，不是偶然的。七七事变前，他曾在东关高小读书，每天上学、放学都打碑前过，还经常坐在碑座子上看书，和同学围着这座碑唱歌做游戏。七七事变后，他参加了革命，先在唐县抗日游击大队，后在晋察冀军区三分区二团任连指导员，指挥过保卫青虚山的战斗，解放战争、抗美援朝战争时期，一直浴血奋战在战场上，后任志愿军司令部情报处副处长，当选为中共八大代表，任黑龙江生产建设兵团副司令员。离休之后又为社会主义精神文明弘扬唐尧文化而奋斗。1986 年，他和离休干部王舒冰（唐县东马寨人）共同撰写了《复制古唐侯国碑记》，并由刘沛钧（唐县人，黄埔军校最年轻学员）楷书而成碑文。

正当王统联系亲友筹措资金准备刻石立碑之时，韩海山同志在县棉麻公司院内发现了古唐侯国碑，并责成县文保所将碑挖掘出土后珍藏起来。原来这块碑不是丢失，而是被爱国的有识之士埋在地下，怕

西安石刻博物馆唐氏碑

泰山万丈碑

被日本侵略军盗走。因时间过久而藏碑人又去世，才有了这寻宝的过程。此碑面世是唐县人之大幸，令人兴奋激动不已。

（四）万丈碑传说

泰山上的万丈碑，虽然是悬崖峭壁，但上面有一道车辙。怎么留下的辙印呢？据说有一年，乾隆皇帝上泰山，听到推木车的声音从万丈碑上传来。这推车人是谁呢？就是刘伯温。刘伯温保朱元璋没保到底，就逃之夭夭了。

刘伯温为什么逃走？他保朱元璋有自己的打算，想用保驾的梯子往上爬。恨不能一下子达到"一人当官，鸡犬升天"的目的。夜夜做美梦，醒来一场空。他不达目的誓不罢休，于是玩弄权术，争名夺利。人们认识了他的本来面目，刘伯温实在混不下去了，便溜之大吉。

他虽然跑了，但是还不死心。后来又想让皇帝封他一官半职，光宗耀祖，享受荣华富贵。他钻门子，想办法，可历代皇帝都不理他。到了乾隆年间，他听说乾隆来登泰山，麻利利地跑来了。他想借乾隆的口气封他一封，意思是，想让乾隆说一句："哈，刘伯

雕有龙纹图案的五塔寺石碑

温上去了！"哪知乾隆搭眼朝万丈碑一看，认出是刘伯温，便说："咳！那不是跑腿子刘基（伯温）吗？"话音刚落，车子便退了下来。刘伯温又没上去。

至今，泰山万丈碑上还有一道车辙。

（五）孝子碑的传说

在梁山东南 25 公里的运河岸边有个古老的集镇，它就是方圆百里闻名的开河村，村里有座孝子碑。此碑有个动人的传说。

京杭大运河从开河村内穿过，把村庄一分为二。运河东岸村北头，住着一姓王的人家，男人名叫王得才，他只有一个女儿，乳名爱姑。得才为人忠厚，好交朋友，和村北头渔

文贵靠打鱼为生，养活一家老小

民董兴龙十分要好，平素称兄道弟，不分你我。说来也巧，兴龙只有一子，起名文贵，文贵大爱姑两岁，后经媒人说合，他们两家就成了儿女亲家。爱姑18岁那年和文贵成了亲。婚后，爱姑又生一子，取名天之，两家不胜欢喜，但好景不长，天之还没出满月，王得才夫妇和董兴龙就相继病逝。接连发了三口丧，剩下老小四口，靠运河岸边的二亩枕河地过日子。所谓枕河地就是一半在堤内的河滩上，一半在堤外，是种一葫芦收俩瓢的薄地，一家人全指望文贵打鱼为生。打鱼不多，收税还不少。当时运河边流传着这样一首歌谣："渔民头上三把刀，租税重利钱高，苛捐杂税如牛毛。穷人只有三条路，逃荒、卖子、当河资。"

文贵一家紧紧巴巴过活，半年糠菜半年粮。爱姑十分孝顺，每顿都要做三样饭，婆母、天之吃一等——粗粮窝窝，丈夫只能吃二等，自己吃三等，全靠糠菜充饥。

天有不测风云，人有旦夕祸福。爱姑过门三年后，婆婆一病卧床不起十几年。常言道"百日床前无孝子"，何况是儿媳妇呢？爱姑却不是那种人，她比亲儿女还孝顺，一天三次五遍地给婆婆喂饭，擦尿刮屎，一年四季天天如此。夏天给婆婆打扇，冬天给婆婆暖脚。婆母常常感动地哭，恨自己不如早死。有一次拉着爱姑的手说："孩子，让我早死了吧，这样连累你啥时是个头啊！"爱姑一听这话，顿时脸色苍白，扑通跪到婆母床前，连声说："是不是我惹您老生气啦？您打我骂我吧！"婆母一听哭得更伤心了，边哭边说："好孩子快起来，你待为娘够百成。"爱姑说："养儿防老，子不孝还算人！"婆母擦泪点头，不知说啥是好。文贵也很孝顺，这就不用多提了。天之从小受父母教育熏陶，从懂事就知道孝敬老人，母亲常对他讲："不

爱姑对婆婆非常孝顺

文贵在雷电交加中不幸遇难

孝爹娘，不如虎狼。"小天之很懂事，见父母吃糠咽菜，他也坚持和父母一样吃糠咽菜，母亲给祖母端屎倒尿，他争先端倒。直到天之15岁那年，祖母去世了。一家三口哭得死去活来，丧事过后，文贵还是在运河里打鱼，不分春夏秋冬。

有一年夏季，连降暴雨。文贵每天冒雨把鱼送到家就回船上去。在第49日这一天，暴雨如悬河倾倒，眼看着运河水暴涨。一直到天黑，爱姑也未见文贵往家送鱼。她等啊等，一等不见回，再等还不见来。爱姑心慌，便对天之说："你在家等候，我到船上看看。"说完便顶着蓑衣走出家门。风越刮越大，雨越下越猛，天之放心不下，顶上蓑衣又追了出去。一声声炸雷，一道道闪电，他娘俩在河堤上望着波涛滚滚的运河水，心慌意乱。望啊，找啊，喊啊，喊破了喉咙，望穿了双眼，仍不见人和船的影子。一阵阵风响像大地哭嚎，一阵阵急雨如苍天流泪。这时霹雳闪电，暴雨如注，运河水像开了锅，浪翻涛滚。一声响雷，震得天摇地动，母子俩被震昏在河堤上。不知过了多久，天之醒来，只见母亲一动不动，如死去一般，便扑在母亲身上哭啊喊啊。说来也怪，天之哭喊了一阵，风停了，

爱姑母子在河堤上苦苦寻找文贵的下落

雨住了，这时爱姑也苏醒过来。天之扶起母亲，娘俩又在河堤上继续哭寻。一连找了七天七夜，还是不见船和文贵的踪影。开河村的穷苦渔民也帮着找的找，捞的捞，最后才在袁口村附近找到了文贵的尸首。

这场景对爱姑母子来说，真是天塌了，地陷了，母子俩抱住尸首，不知哭昏过多少次。穷苦渔民兄弟凑钱买了口薄棺材，把文贵葬在了运河西岸他家那二亩枕河地西头。从那以后，爱姑心痛丈夫痛出了病，哭丈夫哭瞎了眼。每到夏天，只要一听到雷声，她就怕，自言自语地喊："吓死我啦，

京城大臣，看到了天之的孝行

吓死我啦！"天之不管干什么，只要一听到打雷，就赶快往家跑，和娘去做伴。只要听到天之"娘啊娘，你别怕，孩儿给你做伴哩"的喊声，她再也不喊叫了，也不害怕了。

几年后，爱姑死啦，和文贵合葬在一起。

过了一年又一年，明朝末年的一个夏天，运河又涨大水了，运粮船来来往往如穿梭，昼夜不停地往北京运粮食。

一天，京城一位大臣到江南巡查乘运粮船返京。船到开河村，天已黑得伸手不见五指，一时间，电闪雷鸣，大雨倾盆，风急浪高，船不能前进，只得抛锚停在天之家的枕河地岸边。这时，大臣焦急万分，从舱内不断向外张望。忽然，他望着西岸不远的地方，像有什么东西一跳一蹦，随风细听，还有响声。他一惊，忙命令护卫官道："西边不知是何物，快去带人捉来见我。"几个武士如狼似虎窜上岸去，不一会抓来一个人。只见这人身穿蓑衣，被跟跟跄跄带进舱内。这人大喊："快快放开我，千万别吓坏我的老母。娘啊娘，您老别害怕，孩儿和你做伴啦。"大臣见此光景，不由怒上心头，大声喝道："大胆狂徒，风雨之夜，到此何干？莫非想杀害本官不成！""禀大人！"被抓来的这个人如梦初醒，跪倒在舱内言道："小人系开河村董天之，雷雨之夜特来和老母做伴，并无歹意。"

天之被带到舱内，将自己与母亲的故事讲给京城大臣听

京都大臣感到奇怪，问："你母在何处？"

"在西岸坟内。"

"人死了，怎知害怕？"

"禀大人，是您有所不知，我母亲是被雷电惊吓成病……"接着就把事情的原委说了一遍。自母亲死后，因其生前怕雷，所以，每遇打雷下雨他都要上坟，并趴在坟上和母亲做伴。

大臣一听，十分感动，随口说道："孝

燕京八景琼岛春阴碑

子者，董天之，懂天之理，贤哉！"说后，赏银百两，并收为义子。

返京后，大臣即向崇祯皇帝奏本，言明此子孝敬母亲的事。崇祯传旨，在开河村立"孝子碑"一座。据说，碑上"懂天之理"四个字还是崇祯皇帝亲题的呢！

除了以上传说故事之外，民间广为流传的还有"狗碑的传说""流泪碑的传说""倒龙碑的传说"等许多富有传奇色彩的关于碑的故事，足可见碑文化在中国传统文化中举足轻重的地位。

四、永州碑文化

颜真卿《大唐中兴颂》

永州的碑文化源远流长。古代名人的诗文碑刻之多，价值之高可称得上湖南之冠，也是中国地方碑文化的典型代表。如浯溪三绝堂内元结撰文、颜真卿书写、以安史之乱为背景的《大唐中兴颂》；柳子庙享堂后壁上唐代韩愈作文、苏轼书丹、颂扬柳子德政的《荔子碑》，历史上二者皆称"三绝"，可以说是碑林中的旷世杰作，文物中的稀世瑰宝。浯溪唐元结的《三浯铭》、宋黄庭坚的《浯溪》诗碑、江华元结的《阳华岩铭》、玉琯岩汉蔡邕的《九嶷山铭》、绿天庵唐怀素的《千字文碑》、朝阳岩唐代柳宗元的《渔翁》诗碑、宋代陈瞻的《宣抚记碑》、柳子庙明代严嵩的《揭柳子庙碑》、舜帝陵的明代《抚瑶碑》等等，都是在文物界、书法界有一定影响和分量的作品。它们的文化年代，远远超出了一般的古建筑，因为永州现存的古建筑除了明代有两座塔坊外，其余均系清代重建。而这些建筑中弥足珍贵的文物仍然是以石为材料的龙凤石刻，虽然不同于一般的文字碑刻，却是国宝级的艺术珍品。如宁远文庙、永州文庙、永州武庙的整体高浮雕龙凤石柱，就是古代劳动人民聪明才智的结晶，是古代艺术家独具匠心、万代流芳的丰碑。

永州文庙

　　永州的碑文化中，值得一提的还有两处古代名人的墓庐。一处是清末湘军将领、贵州布政使王德榜先生墓，它的珍贵不仅在于王德榜是抗法名将，而且其墓碑上有翁同龢、张之洞等清廷元老、书法名流题刻的挽联悼词，书艺堪称精品。另一处是清代兵部尚书唐元甫先生墓，此墓型制规模之大，石刻人物故事、龙凤异兽、挽联墓志之多，工艺之精美，全省亦属罕见。与其说是座碑，不如说是部书。市县文物部门及当地唐氏后裔三十余人，光是清理墓四周的杂树野草，修复坟堆，端正被破坏的碑栏、石狮等，就足足花了四天。省文物部门的领导专程来此考察，看后亦大为惊叹。这里的文化遗存，可以作为史料研究的实际上只有碑文化，其石雕碑栏当属全省一流，无与伦比。

碑文化是永州的特色，也是永州的骄傲。全省 14 个地州市列入湖南省文物志的历代碑刻 56 块，永州就独占 16 块。在永州 21 处省级以上文物保护单位中，单是摩崖石刻就有浯溪、朝阳岩、淡岩、月岩、阳华岩五处，其他间接相关的还有多处。尤其是全国重点文物保护单位浯溪摩崖碑林中，唐以来

浯溪碑林

浯溪碑林

张掖大佛寺内的石碑

浯溪碑林大门

浯溪碑林

的摩崖石刻就有 505 方，涉及书家三百余人，览括了唐宋元明清各个朝代，篆隶楷行草各种书体。可以说进入浯溪，就如进入了一座古代书法艺术的殿堂，让你一饱眼福，流连忘返。

永州是湖南的历史文化古城，正在为发展旅游文化探索可行性途径，重视"碑文化"这个永不熄灭的亮点，无疑将给永州带来繁荣和昌盛。

碑